所得税法の基礎

泉　絢也 著

Junya Izumi

中央経済社

ま え が き

　筆者は，これまで，暗号資産やNFT（ノンファンジブルトークン）の税金の取扱いについて，書籍『事例でわかる！　NFT・暗号資産の税務』（中央経済社刊。藤本剛平税理士との共著）や論文等を著す機会だけではなく，講演や研修会等でお話をする機会をたくさん頂いてきました。

　このようなこともあって，X（旧Twitter）やFacebookなどSNSを通じて，あるいは講演や研修会等の席上で，一般の方々から，暗号資産やNFTの税金の取扱いについて多くのご質問やご相談を頂いてきました。

　近年，租税教育の重要性にスポットライトが当てられていますが，ご質問等をして頂いた一般の方々においては，「教育を受ける」というやや受け身の姿勢ではなく，複雑・難解な税金について「自ら主体的に学ぶ」ことを実践されていることに感銘を受けました。

　1つの可能性にすぎませんが，税金の計算・申告と納税は第1次的には納税者自らが行うという申告納税制度や，主権者たる国民が，国家による公共サービスの提供のための費用の財源となる税金の負担を分かち合い，税金に関するルールである法律について選挙を通じて自ら決定する民主主義的租税観の理想に向かう道筋を垣間みることができました。

　もっとも，その道のりは決して平たんなものではありません。例えば，所得税の正しい課税関係を理解するためには，所得税の計算方法のみならず，所得税法という法律に定められているルールの内容を理解する必要がありますし，租税法に共通して適用される通則や原則のほか，事実認定や契約解釈のあり方を学ぶ必要もあります。初学者にとっては，いずれも複雑・難解な内容です。

　そこで，本書は，初めて租税法に興味を抱いた初学者の方が，まずは租税法の通則や原則に加えて，所得税法の概要をつかむことができるような所得税法の入門書を目指すことにしました。

本書は，紙幅の許す限りでさまざまな項目を，可能な限り平易な文章で，浅く，手短に説明し，時折租税法の深い部分を紹介しつつ，視覚的に理解を助けるスライドを適宜用意することにより，法律としての租税法がいかに勉強しがいがあるものなのか，そのおもしろさも含めてなるべく容易に体験できるように工夫されている点に特徴があります。また，各規定の趣旨等に関する読者の理解の助けとなるように参考となる立案関係資料の説明を所々に盛り込んでいます。さらに，絵や図を描きながら頭の中を整理することで理解が進むことがあることから，本書では情報が凝縮されたスライドを用意いたしました。スライドをみながら，読者の方々自身で思考をめぐらして，理解を深めてください。

　例えば，各人の担税力に応じた公平な課税を目指している日本の所得税法は，所得を10種類に区分して計算するものの，最終的には各人が稼得した所得を合算します。そして，その合算された所得から配偶者控除，扶養控除，医療費控除等の所得控除を行い，その控除後の課税所得に対して超過累進税率を適用して税額を計算します（総合累進課税）。もっとも，初学者の方は，個別の論点の学習を進めているうちに，現在地（所得税の計算や所得税法の体系の中で自分が現在学習している項目や論点の位置づけ）を見失うことも多いでしょう。これでは所得税法の真の理解には至りません。

　そこで，**第8章 I** では「所得税の計算の仕組み」のスライドを用意しています（105～106頁）。個別の項目や論点を学ぶ際には，逐一，このスライドや本書の目次に立ち返って，現在地を確かめながら，それらを学ぶことの意義を考えてください。ただし，本書は計算方法を中心とした申告実務の解説に軸足を置くものではありません。

　本書を学び終えた後は，ぜひ，法人税法，消費税法，相続税法などの他の税目に関する法律や，より深みのある領域へと旅立ってください。

　最後に，本書の出版にあたっては，株式会社中央経済社の牲川健志氏に多大なご尽力を賜りました。心より感謝を申し上げます。

2024年2月

泉　絢也

<h1>も く じ</h1>

凡　例

法令・通達等

憲	日本国憲法
行訴	行政事件訴訟法
行手	行政手続法
行審	行政不服審査法
行組	国家行政組織法
国公	国家公務員法
民	民法
通法	国税通則法
通令	国税通則法施行令
徴法	国税徴収法
災害減免法	災害被害者に対する租税の減免，徴収猶予等に関する法律
消法	消費税法
所法	所得税法
所令	所得税法施行令
所規	所得税法施行規則

所基通　所得税基本通達
相法　相続税法
措法　租税特別措置法
措令　租税特別措置法施行令
措規　租税特別措置法施行規則
地法　地方税法
電帳法　電子計算機を使用して作成する国税関係帳簿書類の保存方法等の特例に関する法律
電帳規　電子計算機を使用して作成する国税関係帳簿書類の保存方法等の特例に関する法律施行規則
法法　法人税法
法令　法人税法施行令
法規　法人税法施行規則

判例集

民集　最高裁判所民事判例集
集民　最高裁判所裁判集民事
高民集　高等裁判所民事判例集
刑集　最高裁判所刑事判例集
行集　行政事件裁判例集

税資　税務訴訟資料
訟月　訟務月報
判時　判例時報
判タ　判例タイムズ

文献等

泉・パブコメ：泉絢也『パブリックコメントと租税法』（日本評論社，2020）
泉＝藤本・事例：泉絢也＝藤本剛平『事例でわかる！　NFT・暗号資産の税務〔第2版〕』（中央経済社，2023）
金子・租税法：金子宏『租税法〔第24版〕』（弘文堂，2021）
酒井・論点研究：『所得税法の論点研究』（財経詳報社，2011）
酒井・租税法と私法：酒井克彦『ステップアップ 租税法と私法』（財経詳報社，2019）
佐藤・所得税：佐藤英明『スタンダード所得税法（第4版）』（弘文堂，2024）
志場ほか・通則法精解：志場喜徳郎ほか編『国税通則法精解〔令和4年改訂

版〕』（大蔵財務協会，2022）

シャウプ使節団・Ⅰ巻：シャウプ使節団
『シャウプ使節団日本税制報告書　Ⅰ
巻』（大蔵省主税局）

シャウプ使節団・Ⅳ巻：シャウプ使節団
『シャウプ使節団日本税制報告書　Ⅳ
巻』（大蔵省主税局）

谷口・講義：谷口勢津夫『税法基本講義
（第7版）』（弘文堂，2021）

注解所得税法研究会・注解：注解所得税
法研究会編『注解所得税法〔6訂版〕』
（大蔵財務協会，2019）

増井・入門：増井良啓『租税法入門（第
3版）』（有斐閣，2023）

個人論点整理：税制調査会基礎問題小委
員会「個人所得課税に関する論点整
理」（H17.6）

昭和38年整備答申：税制調査会「所得税
法及び法人税法の整備に関する答申」
（S38.12）

昭和40年改正解説：国税庁『昭和40年
改正税法のすべて』（国税庁，1965）

平成12年現状と課題：税制調査会「わが
国税制の現状と課題—21世紀に向けた
国民の参加と選択—」（H12.7）

令和5年現状と課題：税制調査会「わが
国税制の現状と課題—令和時代の構造
変化と税制のあり方—」（R5.6）

　上記のほか，財務省のホームページ又はそのリンク先で公開されている平成17年
度以降の税制改正の解説については「○年改正解説」と表記している。

　読者の便宜を考慮し，判決・条文や文献等を引用する際，原文の旧字，片仮名表
記，漢数字，促音等を適宜改めたうえで引用している。同様に，本文・引用を問わ
ず，下線，太字，ルビは筆者が付したものである。

参照条文の表記例

所法9①九……所得税法第9条第1項第9号
　　　　条…………算用数字
　　　　　項………丸数字
　　　　　　号……漢数字

第 1 章　租税の意義と基本原則

I　租税の意義

　そもそも租税（税金）とは何でしょうか。租税は，公共サービス（公共財）の提供に必要な費用を，国民や住民を中心にみんなで分担していくために国家又は地方公共団体によって人々に課せられる金銭的負担であるといえます。警察，消防，公道，国防といったものを念頭に置くとわかるとおり，公共サービスには次の 2 つの特徴があります。

非競合性	非排他性
ある人がサービスの提供による便益を受けたからといって，他の人がそのサービスの提供による便益を受けることができなくなるわけではない。	対価を払わない人が，公共サービスの提供による便益を享受できる状況から排除されるわけではない。

　このような特徴を有する公共サービスについては，対価を払わずにその便益を享受するというタダ乗り（フリーライダー）の問題がつきまといます。
　また，便益を受けている人の範囲を特定し，それぞれの便益の程度を正確に測定することは困難です。そうすると，公共サービスの提供を民間企業に委ねたり，恩恵を受けている各人から個別に料金を徴収したりすることは難しくなります。そこで，国家は，個別の料金という形ではなく，一定の条件に該当する人に対して，国家運営の経費に充てるための資金調達目的で税金という形式の金銭的負担を課しているのです。
　コンビニでペットボトルの水を購入する際に支払う代金とは異なり，租税には個別の対価性がないことから，場合によっては自分の納めるべ

き税金を自らきちんと計算しないばかりか，納めない人も出てくるかも
しれません。そこで，租税には法律によって税額の確定と納税（徴収）
について強行性が付与されています。

　憲法は租税を定義していませんが，【大嶋訴訟】**最大判昭和60年3月
27日民集39巻2号247頁**は，次のとおり判示しています。

> 「租税は，国家が，その課税権に基づき，特別の給付に対する反対給付と
> してでなく，その経費に充てるための資金を調達する目的をもって，一
> 定の要件に該当するすべての者に課する金銭給付である」

II　租税の機能

　現代の国家において，租税は，上記の**①公共サービスの資金調達機能**
のほか，**②富の再分配機能**[※]や**③景気調整機能**を果たしています。

　②について，私有財産制の下で（憲29），国民の生存権（憲25）を保
障するために租税制度や社会保障制度が構築されています。

　③については，景気の過熱期における税負担の自動的増加や増税政策
の実施等，景気の後退期における税負担の自動的減少や減税政策の実施
等を挙げることができます。

[※]　再分配とは，市場による富の分配を基準としたときに，その分配状況
　　に対して国家が介入し，富める者から貧しい者へと富を移転することで
　　す（増井・入門6頁）。

　また，市場の機能や規制等のみに頼るだけでは，環境問題のように，
市場を通じて行われる経済活動の外側で発生する不利益が他の経済主体
にマイナスの効果を与える外部不経済を抑制・停止することが困難な場
合があります。この場合に，**租税という負担を課すことでその社会的費
用を内部化する働き**が期待されています（令和5年現状と課題4頁）。

　さらに，租税は，私人の経済的意思決定における重要な考慮要素の1
つとして，私人の経済活動を一定の方向に誘導する機能を有しています。
このような私人誘導機能は，国家が租税を，経済政策等の政策目的の実

現手段として，積極的に活用しようとする点のほか，私人が租税負担を
回避しようとする試みの誘因となる点において重要です（谷口・講義8
頁）。

Ⅲ　国民の納税義務と民主主義

　なぜ人々は納税をしなければならないのでしょうか。税金がなければ，
国家は，公共サービス（公共財）の提供に必要な費用を賄うことができ
ません。また，憲法25条1項は「すべて国民は，健康で文化的な最低限
度の生活を営む権利を有する」ことを保障しているわけですから，少な
からず国家は資金を捻出する必要があるでしょう。

　国家が自ら積極的に事業を運営することで資金を稼ぐことも考えられ
ますが，日本についていえば，国営企業を増やして上手に資金を稼ぐこ
とは現時点では想像しがたいですし，売却できる資源を豊富に有してい
るわけでもありません。国民の財産権はこれを侵してはならないとする
憲法29条との関係では，課税は財産権に対する無限定の内在的制約又は
例外であるかといった問題もあります（金子・租税法31頁は，租税は国
民の財産権への侵害を根拠づける侵害規範であるとしています。ただし，
中里実「課税と財産権」税研207号16頁も参照）。

　これまで検討してきたことを総合すると，結局，公共サービスを提供
するための費用を個別の対価ではなく税金という形で人々から徴収する
現在の制度には一定の合理性があるといえます。

　税金は公共サービスの提供を受けることに対する個別の対価ではない
としても，一般的にその恩恵の大部分を受けるのは国民です。国家運営
に関わる費用は，基本的には国家の構成員である国民が自ら負担すべき
でしょう。

　この点について，次のような指摘がなされています（平成12年現状と
課題8頁）。

- 国民１人ひとりの経済力は昔と比べて大きなものとなり，他方で，公共サービスは多様な分野で提供され国民がより幅広く享受するようになっているため，現代国家においては，**公共サービスを賄う租税を国民全員が広く公平に分かち合うこと**が，それ以前の時代に比べて格段に重要であること
- 人は自らには多くの公的サービスを求めつつ，租税の負担はできる限り少なくしたいと考えがちだが，一定の公的サービスを賄う場合には，**自らの租税の負担軽減は他の人々への負担の増加を意味すること**
- 民主主義の下では，公共サービスの充実については合意しやすいものの，**それを賄うための個々人の負担を定める税制についての合意は得にくいこと**
- 公共サービスの財源の多くを公債に頼ると，それにより公共サービスの提供に必要な費用が本来の水準より低いものであるとの錯覚が生じ，**将来世代にその負担を安易に先送りし続けることとなりかねないこと**
- 現世代は，公的サービスや租税のあり方を選択することにより，同時に将来世代の受益と負担に関することも少なからず決めてしまっている面があるため，**現在投票権を行使できない将来世代に負担を先送りする選択を行っていないかということに常に留意しなければならないこと**

憲法は，租税について，次の２つの規定を用意しています。

◆憲法

30条　国民は，法律の定めるところにより，納税の義務を負ふ。

84条　あらたに租税を課し，又は現行の租税を変更するには，法律又は法律の定める条件によることを必要とする。

　憲法30条の「国民」という主語は，「国民の責任」や「納税義務者の代表的存在」を表すという趣旨にすぎないという見解を採用するか否かにかかわらず，外国人など国民以外に納税義務を課すことを禁止する趣旨ではないでしょう。

　両規定の下線部分に着目すると，**税金のルールは法律で定めなければならないことが明らかにされていること**がわかります。租税の賦課・徴

収には必ず法律の根拠が必要であるということです。法律の根拠がない
にもかかわらず，国民の財産に対して租税を課し，そこから徴収するこ
とは許されません。これを**租税法律主義の原則**といいます。

　①憲法30条は，国民の視点から国民がいくらの納税義務を負うかとい
う点に関するルールを，②憲法84条は，国家（課税庁）の視点からいく
らの税金を国民に課するかという点に関するルールを，いずれも法律で
定めなければならないことを宣言していると理解できます。そして，議
会制民主主義の下では，国民は，少なくとも自分たちの代表者を選挙で
選んで国会に送り出す仕組みを通じて，自らの意思を法律に反映してい
ると整理されます。この意味では，税金の負担が重いと嘆いてみても，
形式論としては，その税金のルールは自らも同意（自己同意）したもの
だという指摘を受けることになります。

　また，憲法の第7章財政の章に収められている84条は，国の財政を国
会のコントロール下に置くという基本原則を，財政収入の面において具
体化したものと解されます。また，憲法83条は，「国の財政を処理する
権限は，国会の議決に基いて，これを行使しなければならない」と定め
て，国民の負担に強く関係する財政の処理を国民の代表者で構成される
国会の統制下に置くという**財政民主主義**の原則を表明しています。

　このような租税と民主主義との関係については，次の見解にも目を通
しておきましょう（平成12年現状と課題7頁）。

- 民主主義の下では，租税については，公的サービスの財源としてどの
  程度のものが必要か，それを具体的に誰が，どのように分担するか，
  というルール（税制）は，**最終的には国民の意思によって決定される**。
- 租税を納めることは自らの受益と直接関係なく金銭等を拠出するもの
  であるから，あらかじめ定められた手続に基づいて国民の合意の下に
  ルールが決められなければならないが，国民皆がルールに基づいた納
  税を行わなければ，必要な税収は集まらず，不公平が生じるため，**ルー
  ルに強制力を付すことによって実効性を持たせる必要がある**（国家
  の課税権）。
- このようなことから，日本国憲法では，**納税を国民の義務とし，また，
  租税法律主義を明記している**。今日のわが国税制の礎を築いたシャウ

プ勧告[※]は，このような憲法の趣旨にも則り，個人所得課税を税体系の中心と位置づけつつ，申告納税制度を柱とした近代的で安定的な税制を提言した。

（※）　シャウプ勧告は，連合国軍最高司令官の要請により昭和24年5月10日に来日したカール・シャウプ博士を中心とする使節団により作成され，同年9月15日に日本税制の全面的改革案として発表されたものである。この包括的な税制改革提案は，昭和24，25年の税制改革においてその勧告内容の多くが実現され，現在までの日本の税制に大きな影響を与えている。

Ⅳ　租税の分類とタックスミックス

わが国の税制ないし財政は1種類の税に頼っているわけではありません。大きく分けて，担税力を示す指標ごとに，所得・消費・資産に対す

スライド

タックスミックス

異なる状況にある者は，その差異に応じて，それぞれ異なる取扱いをする→大きな経済力を持つ人はより多く負担すべきである

指標	特徴・現状
所得	・個人・法人の**経済力を端的に示すもの**として従来から担税力の指標 ・個人所得課税は，個人の所得に担税力を見出して課税し，累進税率や各種控除などにより個々人の担税力に対してきめ細かい配慮が可能で**垂直的公平にかなう** ・**勤労世代（現役世代）が主として負担** ・法人所得課税もその所得（利益）に担税力を見出すもの。企業の国際競争力などの観点も要請される。**税収が景気の動向に比較的左右されやすい**
消費	・消費の基となる所得等の経済力がどのように得られたかにかかわらず，**消費の段階で担税力を見出す税**であり，個人所得課税のような**累進的な負担は求めにくいものの，生涯にわたる消費の大きさに応じて比例的な負担を求めることが可能** ・消費支出は一生を通じて行われることから，消費課税は，**世代や就労の状況にかかわらず国民が幅広く負担を分かち合うことが可能** ・**税収が景気の動向に比較的左右されにくく安定的** ・**貯蓄や設備投資等の意思決定に中立的で，企業活動に与える影響も相対的に小さい** ・経済社会のグローバル化・デジタル化の進展を背景にクロスボーダーの経済活動が拡大し，企業の活動場所が流動化するなか，**財・サービスの最終消費地において課税を行う仕向地主義を原則とする消費課税が重要**
資産	・資産課税は，**資産の取得・保有という，所得や消費で捉えきれない担税力を見出して課税** ・わが国の相続税・贈与税は，累進税率により，**富の再分配を通じた資産格差の是正による機会の平等の確保や個人所得課税の補完の観点から垂直的公平の確保に寄与** ・**納税者の勤労意欲等に中立的**

（出典）令和5年現状と課題8-9、11頁を基に筆者作成

16

る税という 3 本柱で構成されています。

　幅広い分野にわたる公的サービスの費用を賄うためには，通常，それぞれの税が持つ特徴を踏まえて，所得・消費・資産などの課税ベースを適切に組み合わせつつ，全体としてバランスのとれた税体系を構築していく必要があるという考え方（タックスミックス）がその背後に存在します（令和 5 年現状と課題 8 〜 9 頁）（スライド「タックスミックス」）。

　代表的な租税の分類について，スライド「租税の分類」を参照してください。

租税の分類

分類		説明・具体例
課税主体への着目	国　税	国が課税主体となる租税（例：所得税）
	地方税	都道府県や市区町村など地方公共団体が課税主体となる租税（例：都道府県民税）
納税主体への着目	直接税	法律上の納税義務者と担税者が一致する租税（例：所得税）
	間接税	法律上の納税義務者が税負担を財・サービスの価格に転嫁し，最終的に購入者（消費者）が負担することが予定されている租税（例：消費税）
使途への着目	普通税	その税収の使途を特定せず，一般経費に充てるために課税される租税（例：地方消費税）
	目的税	その税収を特定の経費に充てるために課税される租税（例：入湯税）
課税水準の決め方への着目	従価税	価額単位で課される租税（例：関税）
	従量税	数量 1 単位当たりの税率で課される租税（例：関税，たばこ税）

転　嫁：法律上の納税義務者が税負担の全部又は一部を取引価格の引上げや引下げを通じて取引の相手方に移し替えること
帰　着：税を最終的に誰が負担するかを示すこと
普通税：受益と負担の関係が必ずしも明確ではない公的サービスについて，広く負担を分かち合う観点から設けられているもの
目的税：受益と負担の関係を明確にし，特定の公的サービスの費用に充てるために課税されるもの。目的税には，特定の公的サービスを巡る受益と負担の関係性が時代によって変化し密接な対応関係が認められなくなる場合や，社会的に必要とされる公的サービスの量を機動的に調整することなく財源が既得権益化してしまう場合もあり

（出典）令和5年現状と課題9-10頁を基に筆者作成

スライド

V　租税原則

1　租税原則と公平・中立・簡素

　どのような租税をどのような理念に基づき課すべきかというような税

制が準拠すべき一般的基準を提供してくれる租税原則について簡単に確認します。

　どのような原則により税制を構築することが望ましいかについては，各人の経済的な負担能力すなわち担税力（**応能課税原則**）や各人が公共サービスから受ける利益（**応益課税原則**）を基準とする考え方を含めて従来から各種の租税原則が提唱されてきました。地域住民による負担分任という性格を持つ地方税には，応益課税の考え方がより求められると考えられます。いずれにしても，租税原則について，わが国では，次のような**公平・中立・簡素**の３つに集約すると考えられてきました（平成12年現状と課題15頁）（スライド「公平・中立・簡素の３原則」）。

公平・中立・簡素の3原則

租税法律主義に基づく民主主義的な決定プロセスの下では、投票権を持たない将来世代までも含む「世代を超えた公平」が、現在世代の関心事項である「現在世代内の公平」よりも、どうしても劣後する傾向

公平	・等しい負担能力のある人には等しい負担を求めるという**水平的公平**と負担能力の大きい人にはより大きな負担をしてもらうという**垂直的公平**とがある ・少子高齢化の進展と財政状況の悪化を背景に、**世代間の公平**も意識される。①現在世代の中の現役世代（勤労者）と引退した世代（退職者）とのバランスと、②現在世代と将来世代との世代を超えたバランスという2つの意味が含まれている ・格差などの社会的課題への対応の観点から、**改めて、垂直的公平の確保が重要**
中立	・経済の国際化・成熟化が進展するなか、納税者の選択への「中立」、つまり、租税制度が**職業選択、資産移転、企業立地などの納税者の選択を歪めない**ようにすることも重要 ・近年では、働き方の多様化などに伴い、**就業形態などに対する中立性**を確保していくことが今まで以上に求められる ・租税制度のあり方を考える際には、「中立」に関連する概念として、**経済的効率性という視点**も求められる
簡素	・**税制を理解しやすいものにし、国民の納税手続の負担を軽減する**ことに加え、税務当局の徴収コストを抑え、租税回避行動を誘発させないためにも、制度の「簡素」も重要な要請 ・近年では、働き方の多様化に伴い、雇用的自営・副業者など多くの個人が確定申告を行っていることもあり、**簡便な方法で申告・納付ができる納税環境の整備**を進めることが不可欠 ・税制の簡素性について検討する際には、**納税手続のデジタル化等により、国民や税務当局の負担が抑制されること**にも留意が必要

公平・中立・簡素は、常にすべてが同時に満たされるものではなく、1つの原則を重視すれば他の原則をある程度損なうという**トレードオフの関係にある。**例えば、個人所得課税において、公平の観点から個人の担税力を調整するものとして、各種控除などによって個々の納税者に対するきめ細かい配慮を行うことが可能である一方、制度の簡素性が損なわれる可能性あり

（出典）平成12年現状と課題15-19頁、令和5年現状と課題11-14を基に筆者作成

　また，先進国の中で最も厳しい状況にあるわが国財政の現状を踏まえれば，租税制度の公平・中立・簡素を考える前提として，**租税の十分性**もこれらの３原則と並んで重要なものと位置づけるべきだといわれています（令和５年現状と課題15頁）。

　なお，同じ規模の税収を確保することを前提とする場合，**課税ベース
と税率は反比例の関係になりますが，なるべく課税ベースを広くして，
その分低い税率によって負担を求めていくことが公平・中立・簡素の原
則に整合的である**といわれています（平成12年現状と課題19頁。スライ
ド「課税ベースと税率」）。ただし，例えば，法人税の税率を下げて，そ
れに見合う法人税の課税ベースの拡大をせずに，将来世代に増税を持ち
越したりするケースや，所得税など他の税目の税率や課税ベースを調整
するケースも考えられます。

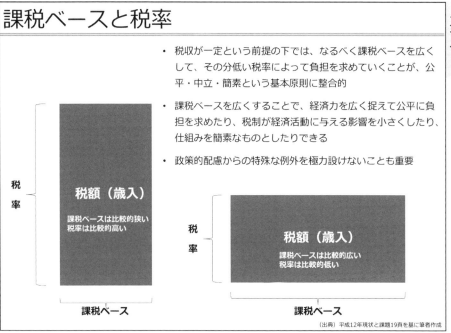

（出典）平成12年現状と課題19頁を基に筆者作成

　加えて，経済活動の国際化が進展するなか，国際的な競争力や経済の
活力維持などの観点から，わが国税制の仕組みや負担水準があまりに諸
外国とかけ離れたものになることは望ましくないため，税制の検討に際
しては，**国際的な整合性**も重視されています。もっとも，各国の税制は
その国の歴史や文化，経済や社会の仕組みを反映して構築されているこ
とも念頭に置く必要がありますし，租税の基本的機能である財源調達機

能が適切に果たされているかどうかを踏まえておくことも必要です（平成12年現状と課題20頁）。

2　公　平

　公平・中立・簡素の中でも，**税制に対する国民の信頼の基礎として最も重要なものは税負担の公平です**。これは，租税が，必ずしも反対給付による受益が明確なものではなく，また，国民1人ひとりの納得感の下に成立するものであるからです（令和5年現状と課題11頁）。

　異なる状況にある者は，その差異に応じて，それぞれ異なる取扱いをするという考え方を**垂直的公平**といいます。例えば，日本の所得税は累進税率を採用しており，高額の所得を得ている者であればあるほど高い税率で課税しているので，垂直的公平の考え方に適合しています。

　他方，同様の状況にある者を等しく取り扱うという**水平的公平**の考え方もあります。同等の経済的負担能力を有する者同士に等しく課税する，つまり所得が同額の者には同額の納税額を課税する，消費額が同額の者には同額の消費税を課税することが水平的公平の考え方にかなうのです。

　もっとも，租税立法の合理性を検討する際には，人々の行動が税制にどのような変化をもたらすか，結局は誰が租税を負担するかという点に配意する必要があります（増井・入門14～17頁）。

3　租税公平主義の原則

　政策的な文脈から，より法的な文脈における原則に移りますが，憲法14条1項を根拠として，税負担は国民の間に担税力に即して公平に配分されなければならず，各種の租税法律関係において国民は平等に取り扱われなければならないという**租税公平主義ないし租税平等主義**を導くことができます。担税力に即した課税，課税の公平・中立が要請されていることになります（金子・租税法88頁）。担税力に即した課税を行うためには，所得・消費・資産という担税力を示す標識をバランスよく組み合わせた税制を構築することが重要です（タックスミックス）。

　ルール作りの段階，**立法の段階における公平**との関係では，例えば，

性別による課税・非課税という課税上の取扱いに係る不合理な差別は容認されません（【大嶋訴訟】最大昭和60年3月27日民集39巻2号247頁における伊藤正己裁判官の補足意見参照）。他方，公平の要請にかなう法律を作れば，後は，それを淡々と執行することにより公平な課税を実現できるはずです。

　ただし，例えば，税務署が，一部の権力者や反社会勢力には深度のある税務調査をせずに甘めの課税を行っていたらどうでしょうか。どんなに公平なルールを作ったとしても，執行の段階で不公平な対応がなされたり，公平に執行することが困難であったりするならば，不公平な結果が生じかねません（課税庁によって異なる課税上の取扱いを行っていた場合の参考として，【スコッチライト事件】大阪高判昭和44年9月30日高民集22巻5号682頁，【金属マンガン事件】最判昭和53年7月18日訟月24巻12号2696頁）。このように**執行の段階における公平**に注視する必要がありますし，ルール作りの際にも執行段階での実行可能性等を意識する必要があります。

　事後の観念としての水平的公平性と事前の観念としての中立性について（増井・入門13頁），**下図で確認しておきましょう。**

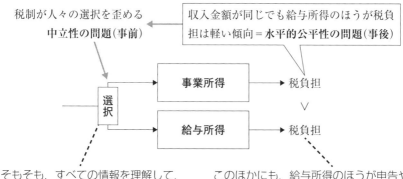

税制が人々の選択を歪める
中立性の問題（事前）

収入金額が同じでも給与所得のほうが税負担は軽い傾向＝**水平的公平性の問題（事後）**

選択 → 事業所得 → 税負担

選択 → 給与所得 → 税負担

そもそも，すべての情報を理解して，自由な状況下で選択がなされうるか？人々は常に経済合理的な選択をするか？

このほかにも，給与所得のほうが申告や帳簿書類に関する事務負担が軽い一方，支払時に源泉徴収されるなどの相違あり

Ⅵ　租税法律主義の原則

　租税法の全体を支配する基本原則として，上記の租税公平主義のほか
に，租税法律主義を挙げることができます。**租税の賦課・徴収には必ず
法律の根拠が必要**です。法律の根拠がないにもかかわらず，国民の財産
に対して，租税を課し，そこから徴収することは許されません（**租税法
律主義の原則**）（憲30，84）。

　つまり，税金のルールは，内閣や裁判所などではなく**国民の代表者で
構成される国会で，法律という形式で作られる**ということです。課税の
根拠として国家の主権に内在する課税権の存在を強調する見解や，租税
をもって私有財産制（憲29）に内在する制約とみる見解もありえますが，
いずれにしても**法律の定める範囲を超えて納税の義務を負うことはあり
ません**。そして，租税法律主義は，国民の自由と財産を保障する**自由主
義的側面**と，主権者たる国民の自己同意に基づく納税を保障する**民主主
義的側面**を有しています。

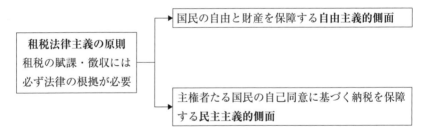

　租税法律主義の原則の内容としてスライド「税法律主義の原則の内
容」を確認しましょう。

租税法律主義の原則の内容	課税関係検討時には、課税要件法定主義の下で法令に定められた課税要件等を意識して、①誰が、②いつ、③何に対して、④いくらの税額を、⑤どの国で、⑥どんな方法で課税され、納税しなければならないかという視点が重要	スライド
課税要件法定主義	・ 納税義務を成立させるための**課税要件**（納税義務者、課税物件、帰属（納税義務者と課税物件の結びつき）、課税標準、税率）と租税の賦課・徴収の手続は、法律によって定めなければならないという原則 憲法30条、84条から直接導出可（最大判昭和30年3月23日民集9巻3号336頁）	
課税要件明確主義	・ **租税法規の内容を明確に定めなければならないという原則** 例えば、「税務署長が気に入らない者に対しては多額の税金を課する」という法律を作った場合、形式上、課税要件は法定されているといえるかもしれませんが、その内容は不明確であり、実質上、立法府（国会）ではない行政府（課税庁）が課税要件を定めているのと同じになってしまいます	
合法性の原則	・ 租税法規が定める課税要件に対応する事実が存在し、その要件が充足している限り、その法規に定められた法律効果が発生するのであり、**課税庁にはこれと異なり租税を減免する自由や徴収しない自由は存在しないという原則** 税務調査で多額の非違（誤り）を発見した税務職員が納税者から「ここで多額の納税を求められたら、事業が立ち行かなくなり、従業員も含めて路頭に迷うので見逃してほしい」と懇願されて、課税を見逃してしまうケースを想像するとよいでしょう	
手続的保障原則	・ 納税者の権利を保護するために、**租税の賦課・徴収やこれに対する争訟は適正な手続で行われなければならないという原則** 課税処分の通知書に処分の理由を付記することが課税庁に義務付けられていることをイメージしておきましょう（通法74の14①、行手8、14、所法155②、法法130②）。手続的適正性は実体的適正性の確保に資することに目配りをしておきましょう	

上記以外にも、租税法令の効果を公布の日よりも前に発生した事実に遡及して及ぼすことを禁止する原則である**遡及立法禁止の原則**を挙げることも可能。他方、同原則については、法的安定性や予測可能性という租税法律主義の機能との関係で捉える見解もあり、**最判平成23年9月22日民集65巻6号2756頁**は、暦年途中で施行された平成16年法律第14号による損益通算廃止に係る改正後の租税特別措置法の規定の暦年当初からの適用を定めた改正附則が憲法84条の趣旨に反するか否かを判断するにあたり、予測可能性を独立の基準として挙げず

（出典）各原則の意義について、金子・租税法80-88頁を基に筆者作成

　なお，租税法律主義の機能として，①国民が経済社会の中でいつどの程度の租税を負担することになるのかについての予見可能性を保障し，②法律が変更されない限り負担は変わらないという法的安定性を保障することを挙げることができます（平成12年現状と課題7頁）。これらが租税法律主義の目的として，その実現のために，立法論の場面のほか，解釈論の場面で重視されることもあります。

第2章　租税法の法源

Ⅰ　法　源

　租税に関する法の存在形式（租税法の法源）として，憲法，法律，行政が定める命令（施行令・施行規則）と告示，地方議会と地方団体の長が定める条例と規則，条約，行政先例法，判例があります。

　具体的な納税義務に関する定めを有していない憲法を除けば，法律が最も重要な法源であるといえますが，命令（内閣が定める政令としての「○○税法施行令」，各省大臣（財務省令は財務大臣）が定める省令としての「○○税法施行規則」）もこれに次いで重要な法源です。

　租税法における判例の法源性について，裁判所の判決は，具体的な争訟の解決を目的としますが，その理由中に示された法の解釈が合理的である場合には，それは先例として尊重され，やがて確立した解釈として一般に承認されるようになり，このような一般的な承認を受けるに至った裁判所の解釈である判例も租税法の法源の一種であると解されています（金子・租税法119頁）。

　法源ではないものの，税の実務で大きな影響力を有しているものとして通達があります。通達の性格や特徴は下表のとおりです（税務通達をめぐる種々の論点について，酒井克彦『アクセス　税務通達の読み方』（第一法規，2016），泉・パブコメ45〜101頁）。

①	通達とは？
	上級行政機関が下級行政機関に対して発する命令です（行組14②）。
②	通達は課税庁職員を法的に拘束している？
	はい。国家公務員は，その職務を遂行するについて，法令に従い，かつ，上司の職務上の命令に忠実に従わなければならず（国公98①），職員が法令や職務上の命令に違反した場合，職務上の義務に違反した場合又は職務を怠った

場合には懲戒処分となる可能性があります（国公82①一，二）。よって，通達の内容が憲法や法律に反していることが明らかでない限り，課税庁の職員は，それに従う義務があるといえますし，従わない場合には国家公務員法違反として懲戒処分を受ける可能性があります。この意味で，**通達は，課税庁職員を法的に拘束しています**。

③ 課税庁職員は通達に従って行動する？

はい。上記②のとおり，課税庁の職員は通達を遵守する義務を負っているといえますし，実際にも税務行政は税務通達に従ってとり行われています。

④ 通達は納税者や裁判所を法的に拘束している？

いいえ。通達自体は，課税庁の組織内部における法的拘束力を有しているとみることができますが，組織外部に対して法的拘束力を有しているわけではありません。つまり，**納税者や裁判所は課税庁の通達に法的に拘束されていません**。ただし，通達の内容が関係する法令の正しい解釈を反映しているものである限り，その法令を根拠としてその通達に外部的な法的拘束力があるようにみえるでしょう[※]。

（※）　課税庁が，長年非課税取扱いとしていたものに対して，通達を発遣して取扱いを変更したとしても，通達の内容が正しい法の解釈である限り，通達に基づく課税処分は適法です（**【パチンコ球遊器事件】**最判昭和33年3月28日民集12巻4号624頁）。この場合でも，**行政先例法により非課税という法規範が成立すると解することには慎重であるべきです**。

⑤ 通達に反する課税処分が行われた場合にはどうなる？

税務通達に反する課税処分が行われた場合に，信義則（信義誠実の原則[※]）違反としてその課税処分が違法となるかが問題となりますし，平等原則違反も問題となります（**最判令和4年4月19日民集76巻4号411頁参照**）。

（※）　例えば，民法1条2項は「権利の行使及び義務の履行は，信義に従い誠実に行わなければならない。」と定めています。租税法の領域における信義則の法理の適用について，同項のような明文の規定はなく，合法性の原則と衝突する可能性があります。**【酒類販売業者青色申告事件】**最判昭和62年10月30日集民152号93頁は，次のとおり判示しています。

「租税法規に適合する課税処分について，法の一般原理である信義則の法理の適用により，右課税処分を違法なものとして取り消すことができる場合があるとしても，法律による行政の原理なかんずく租税法律主義の原則が貫かれるべき租税法律関係においては，右法理の適用については慎重でなければならず，租税法規の適用における納税者間

の平等，公平という要請を犠牲にしてもなお当該課税処分に係る課税
を免れしめて納税者の信頼を保護しなければ正義に反するといえるよ
うな特別の事情が存する場合に，初めて右法理の適用の是非を考える
べきものである」としています（**特別の事情があれば，ただちに「適
用する」とは判示していません**）。また，この場合の別の事情が存す
るかどうかの判断にあたっては，「少なくとも，税務官庁が納税者に
対し信頼の対象となる公的見解を表示したことにより，納税者がその
表示を信頼しその信頼に基づいて行動したところ，のちに右表示に反
する課税処分が行われ，そのために納税者が経済的不利益を受けるこ
とになったものであるかどうか，また，納税者が税務官庁の右表示を
信頼しその信頼に基づいて行動したことについて納税者の責めに帰す
べき事由がないかどうかという点の考慮は不可欠のものであるといわ
なければならない」としています。

酒井・租税法と私法58～64頁は，上記の「行動」（主として，申告以外の「何
らかの行為」）が信義則適用上の要件として必要である理由を納税者の自己決
定権が侵害されたという観点から説明しています。

また，【タキゲン事件】最判令和2年3月24日集民263号63頁の宇賀克也裁判
官の補足意見は，「通達」の「公表」は上記の「公的見解」の「表示」に当た
るとしています。なお，信義則の適用がなく本税の処分が違法なものとなら
ないとしても，法解釈を誤った通達や後に課税庁によって解釈変更されてし
まう通達に従って申告等した納税者について，加算税が免除される正当な理
由（第5章Ⅱ）があると判断される場合があります（**最判平成27年6月12日
民集69巻4号1121頁**）。

⑥ **通達に反する税務申告を行った場合にはどうなる？**

通達に従った申告を行うように税務職員から指導を受ける場合や，通達の内
容に沿った課税処分がなされる場合があります。

　　このような通達には，例えば，次のような機能があります（泉・パブ
コメ64～75頁）。

行政内部の統制・統一化	税法の解釈・適用は難しいため，通達がないと，税務職員によって法令の解釈や取扱いがバラバラになる，恣意的な取扱いがなされる可能性があります。通達があれば，行政内部の解釈や取扱いが統一化されます。

解説機能・効率化	通達は法令を解説する機能を有し，これによって税務行政や申告実務を効率化する機能がありますし，場合によってはあらかじめ課税庁の見解が公開されていることは紛争防止にも役立ちます。
行政先例形成・会計慣行形成	課税庁の職員が税務通達に示された解釈や取扱いに従って税務行政を執行していくこと，納税者が税務通達に従った会計処理を重ねていくことで，行政先例や会計慣行が形成されます。
行政指導	通達の公開は納税者を課税庁の見解に誘導させる一種の行政指導（行手２六）と同様の機能を発揮します。

　法令と通達等の序列をスライド「憲法を頂点とした法秩序」で確認しましょう。

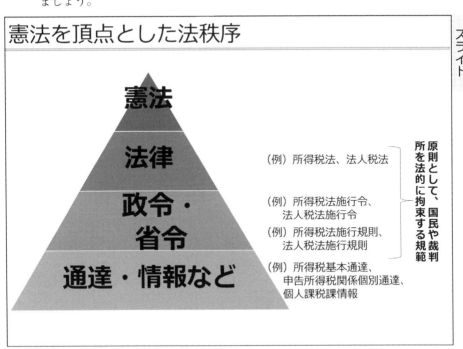

なお，通達で法令に定められている課税要件を拡張・縮小したとして

も，それがその法令の正しい法解釈でない限り，その通達の内容に裁判所や納税者は拘束されませんが，実際には，**多くの納税者や税理士が通達に従って税務申告を行っています。**その理由や要因はさまざまです（緩和通達の問題も含めて，スライド「納税者が税務通達に従う理由」）。

納税者が税務通達に従う理由

法令に定められている課税要件を拡張・縮小する通達 自身の税金の計算上、不利な内容の通達であっても、納税者はその通達に従って計算し、申告・納税

- 課税庁職員が通達を遵守・通達に基づく指導
- 納税者が通達に反する申告計算を行えば課税庁と争いに
- 税務訴訟の納税者勝訴率は例年1割程度であり、時間もコストもかかるし、適任の専門家を探さなくてはならない
- 納税者は税務署との関係を断つことが困難
- 租税法令の複雑性・難解性

法令に定められている課税要件を緩和する通達（緩和通達）の問題
・納税者に有利であるため、納税者や税理士がこれに従わないインセンティブがない
・他方で、通達を適用する機会のない国民の利益が犠牲にされている
・通常、緩和通達に関して、納税者に訴えの利益が認められない
・緩和通達が長期にわたって存在し続け、時には新たな緩和通達を誘発
・租税法律主義を軽視し、通達行政を行う／許容・期待する風土を醸成

（出典）泉・パブコメ55-63頁を基に筆者作成

　もちろん，個々の通達の内容に疑問を持つ納税者はそれに従わなければよく，課税庁から通達の内容に沿った課税処分を受けた後で，通達の内容はその法律に反するものであり，課税処分は違法であると裁判所で争えばよいでしょう。

　しかし，これは形式論にすぎません。多くの国民が税務署に限らず役所の指導に従い，役所と法的に争うことを敬遠するという実情があることや，役所の権力は一般に強大であり，国民との間に能力や資源等の点で大きな差があることなどを考慮すると，別のルートで通達の内容の合法性を確保できるような努力や施策が求められるでしょう。

　通達の必要性や有用性を認めざるをえないのであれば，国民，裁判所

を含む外部の機関や専門家等を巻き込んで，通達制定前ないし発遣前を
基準として事前又は事後のコントロールを有効に働かせる必要がありま
す（泉・パブコメ393〜399頁）。

Ⅱ　具体例から学ぶ法源・法体系

　実際の法令等を確認しながら，法源・法秩序について学びましょう。
以前，個人による資産の譲渡を宗教法人による譲渡であると見せかける
という事件がありました。事件の真相はわかりませんが，要点をかいつ
まんで整理すると，スライド「宗教法人による譲渡であると見せかける
意義」のようになります。

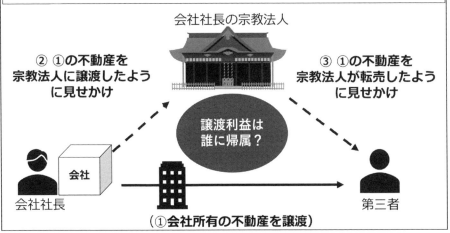

宗教法人による譲渡であると見せかける意義

スライド

- 宗教法人を介した取引を装い、会社所有の不動産の売買に係る利益を除外し、所得を隠ぺいして数億円を脱税したとして、地検が会社社長らを法人税法違反容疑で逮捕
- 会社社長は、休眠状態であった宗教法人を買収し、自らがその代表となり、その宗教法人に不動産を売却した後、その宗教法人が第三者に転売したように見せかけ
- 会社社長は、宗教法人による上記売却に係る所得は非課税であるなどと主張して、脱税の認識を否認

会社社長の宗教法人

② ①の不動産を
宗教法人に譲渡したよう
に見せかけ

③ ①の不動産を
宗教法人が転売したよう
に見せかけ

譲渡利益は
誰に帰属？

会社社長

会社

第三者

（①会社所有の不動産を譲渡）

　会社社長は，宗教法人による上記売却に係る所得は非課税であるなど
と主張していたようですがこれはどういうことでしょうか。現行の法人

税法では，宗教法人も法人税の納税義務者になりますが，**収益事業から生じた所得がある場合にのみ法人税が課税されます。**

　収益事業以外の事業から生じた所得にはかかりません。それはどういうことなのでしょうか。法令等の定めを順番に確認します。その際，次のようなルールとなっていることを条文から読み解いてみましょう。

- 内国法人に対しては，各事業年度の所得に対して法人税が課されること
- 内国法人である公益法人等は，各事業年度の所得のうち，収益事業から生じた所得のみに法人税が課されること
- 宗教法人法による宗教法人は，公益法人等に該当すること
- 収益事業とは，販売業，製造業その他の政令で定める事業で，継続して事業場を設けて行われるものであること

◆法人税法

（定義）

2条　この法律において，次の各号に掲げる用語の意義は，当該各号に定めるところによる。

〔省略〕

三　内国法人　国内に本店又は主たる事務所を有する法人をいう。

六　公益法人等　別表第二に掲げる法人をいう。

十三　収益事業　販売業，製造業その他の政令で定める事業で，継続して事業場を設けて行われるものをいう。

（内国法人の課税所得の範囲）

5条　内国法人に対しては，各事業年度の所得について，各事業年度の所得に対する法人税を課する。

（内国公益法人等の非収益事業所得等の非課税）

6条　内国法人である公益法人等又は人格のない社団等の各事業年度の所得のうち収益事業から生じた所得以外の所得については，前条の規定にかかわらず，各事業年度の所得に対する法人税を課さない。

別表第2　公益法人等の表

名称	根拠法
宗教法人	宗教法人法（昭和26年法律第126号）

　上記規定からすると，公益法人等である宗教法人に対して法人税がかかるかどうかを検討するにあたって，収益事業の意義が重要であることがわかります。収益事業とは「**販売業，製造業その他の政令で定める事業で，継続して事業場を設けて行われるもの**」であり，細かい内容は政令（法人税法施行令）に委任されています。**法的なルールを作成する権限を表すバトンが法律から政令に渡された**，そんなイメージです。

　国会（立法府）ではない内閣（行政府）は，法人税法2条13号からバトンを受けることで，**法的拘束力のあるルールを定めること**ができます。それが，次の法人税法施行令5条です（宗教法人等が行うデジタル取引の収益事業該当性について，泉＝藤本・事例194～196頁）。

> ◆法人税法施行令
> （収益事業の範囲）
> 　5条　法第2条第13号（定義）に規定する政令で定める事業は，次に掲げる事業（その性質上その事業に付随して行われる行為を含む。）とする。
> 　一　物品販売業（動植物その他通常物品といわないものの販売業を含む…）
> 　二　不動産販売業のうち次に掲げるもの以外のもの
> 　　イ　次に掲げる法人で，その業務が地方公共団体の管理の下に運営されているもの（以下この項において「特定法人」という。）の行う不動産販売業
> 〔省略〕

　法人税法施行令5条1号には物品販売業，2号には不動産販売業が掲げられています。ここでいう不動産販売業とは具体的にどのような意味なのでしょうか。宗教法人が資金繰りに困って，たまたま駐車場用地を売却したら収益事業に該当するのでしょうか。法令の規定には具体的なことは書かれていません。

他方，通達には，次のとおり，具体的な定めが設けられています。

◆法人税基本通達

（不動産販売業の範囲）

15－1－12　公益法人等が土地…を譲渡するに当たって当該土地に集合住宅等を建築し，又は当該土地につき区画形質の変更を行った上でこれを分譲する行為は，原則として令第5条第1項第2号《不動産販売業》の不動産販売業に該当するのであるが，当該土地が相当期間にわたり固定資産として保有されていたものであり，かつ，その建築又は変更から分譲に至る一連の行為が専ら当該土地の譲渡を容易にするために行われたものであると認められる場合には，当該土地の譲渡は，不動産販売業に該当しないものとする。ただし，その区画形質の変更により付加された価値に対応する部分の譲渡については，この限りでない。

〔省略〕

　この通達は，公益法人等が土地の譲渡にあたってそこに集合住宅等を建築するなど，販売するための積極的な活動に従事して分譲する場合でも，その土地が相当期間にわたり固定資産として保有されていたものであり，かつ，その建築等から分譲に至る一連の行為が専らその土地の譲渡を容易にするために行われたものであると認められる場合には，その土地の譲渡は不動産販売業に該当しない（収益事業に該当しないため課税されない）ということを明らかにしています。

　通達の担当部署の税務職員が執筆した解説書（松尾公二編著『法人税基本通達逐条解説〔11訂版〕』（税務研究会出版局，2023）1595頁）によれば，この通達は，不動産販売業にいう不動産の販売というのは，**不特定又は多数の者を対象にして反復又は継続的に土地，建物などの譲渡を行う行為，つまり棚卸資産たる土地，建物などの譲渡**を指しており，他方で，公益法人等が固定資産として使用していた土地，建物などを処分した場合のその譲渡益については，現行税法上，収益事業の所得としては課税しない建前になっているという解釈を前提としているようです。

　また，同解説書1596頁には，上記通達の「『相当期間』」については，『きわめて長期間』と同義語であり，少なくとも10年以上固定資産とし

て保有されていなければこれに当たらないと解すべきであろう」という
解釈が示されています。通達が法令解釈を示して，解説でさらに解釈や
取扱いを補充しているのです。

　さて，法律，政令，通達の内容を確認しましたが，**読んでみてわかり
やすかった，具体的な税務処理をイメージしやすかったものは通達では
なかったでしょうか**。納税者や税理士が，実際上，通達に従って，申告
等をしていることがご理解いただけたと思います。でも，通達そのもの
は，国民を法的に拘束していないこと，租税法のルールは法令に書かれ
ているはずであることを忘れてはいけません。

Ⅲ　課税要件法定主義と行政立法

1　行政立法の許容

　課税要件法定主義と行政による立法行為について考えてみましょう。
法源には行政が定める命令が含まれますが，このことは，租税法律主義，
とりわけ課税要件を国会で作る法律に定めることを要請する課税要件法
定主義に抵触しないのでしょうか。

　まず，憲法41条は「国会は国権の最高機関であって，国の唯一の立法
機関である」と定めていますが，行政立法を全面的に認めない趣旨では
ないでしょう（憲73六，74参照）。他方で，租税法の領域には課税要件
法定主義の原則がある以上，少なくとも次の点を指摘できます。

- ●ルールの作成を命令に委任できるとしても，課税要件の根幹は法律で
  定めなければならない。
- ●課税要件の定めを一般的・白紙的に命令に委任することは認められな
  い。
- ●法律から個別的・具体的な委任がないにもかかわらず，命令で新たに
  課税要件を定めることはできない。
- ●法律は命令に優位し，法律の内容に反する命令は効力を有しない。

2　行政立法の限界

　ただし，行政立法にも限界はあります。通常は，上記の考察を踏まえて，租税に関する命令に対して次の2つのテストがなされます（命令の適用が委任の範囲を逸脱するかという観点について，最判令和5年11月6日裁判所ホームページ）。

第1テスト	第2テスト
命令に委任する法律が租税法律主義に適合するか。具体的には，課税要件について，法律で一般的・白紙的に命令に委任していないか。	委任を受けて制定された命令がその委任の範囲内のものであるか，委任の趣旨にかなうものであるか。

　ただし，裁判所は，一見，白紙委任しているようにみえる法律の委任規定であっても，**その委任の趣旨を限定的に解釈することでそのような委任規定自体を無効としないこともめずらしくありません**（【大阪銘板事件】大阪高判昭和43年6月28日行集19巻6号1130頁，大阪高判平成21年10月16日判タ1319号79頁，東京地判平成24年7月5日税資262号順号11987。泉・パブコメ30〜33頁）。

　いずれにしても，**命令の規定について，その文言を形式的，盲目的に追従するのではなく，常に，法律の根拠があるのか，課税要件を構成する内容を定める規定なのかを検討する必要があるといえるでしょう**（【木更津木材株式会社事件】東京高判平成7年11月28日行集46巻10＝11号1046頁，『国際興業管理株式会社事件』最判令和3年3月11日民集75巻3号418頁参照）。

　また，政令で抽象的に定めて通達等で補充していないか，法律で委任された事項について政令を作っていないものの早急に作るべき事情があるのではないかといったことも含めて，**委任の趣旨に照らして，十分な内容の規定を政令で定めているかという観点から政令の内容の妥当性を検証することも必要でしょう**（泉・パブコメ34〜44頁）。

第3章　租税法の解釈と適用

I　解釈の必然性

　課税要件法定主義や課税要件明確主義の存在を前提とすると，租税法の世界においては，法律に明確なルールが定められているはずですから，法律の条文の解釈は必要ないのではないかと思うかもしれません。しかし，条文を織りなす用語ないし言葉というものは，元来，複数の意味を有するものですし，時間とともに意味内容が変容する可能性を含み持っています。

　また，租税法令において，すべての意味内容を明確にするために無数の定義規定を設けることは現実的ではありませんし，公平な課税を実現するために「不当」，「正当」など評価的な概念ないし**不確定概念**を定める場合や，複雑で日々変転する経済社会に対応するために，例えば「所得」など課税の対象を広めに設定しておく場合もあります。

　結局，さまざまな事情を背景として，意味内容が一義的で明確といえるような租税法規を作ることは難しく，そこに**法律の条文が定めているルールの内容を明らかにするという作業，すなわち法の解釈が必要**となります

II　文理解釈と論理解釈（目的論的解釈）

1　文理解釈と論理解釈

　法の解釈方法についていくつかの分類がありますが，ここでは，文理解釈と論理解釈（目的論的解釈）を確認しておきましょう。

文理解釈	論理解釈（目的論的解釈）
法律の条文，その文言や文法的な意味を重視する解釈態度。国会は文章の形式で法律を制定していますから，基本的には文理解釈が支持されます。	立法の目的や趣旨，あるいは論理や条理を重視する解釈態度。法律やその条文には，それぞれ，立法の目的や趣旨がありますので，これらに着目することで正当（統）性を肯定できます。

　租税法の世界では**文理解釈**を行うことが一般に支持されています。それでも法令の規範内容が明らかにならなかったり，不都合な結論が導き出されたりする場合などに論理解釈が採用されます。法令で用いられている言葉を通常意味するところよりも広げて又は狭く解釈するようなこと（拡大解釈又は縮小解釈）や，規定がないところに他の規定を類推して解釈するようなこと（類推解釈）は，原則として許されないということです。ただし，次の点に注意しましょう。

- 立法趣旨をどのように捉えるかによって，その後の解釈論の内容は変化するが，立法趣旨は，通常，条文に記載されていません。
- したがって，法律を解釈する者が，その解釈の拠り所とする立法趣旨に係る証拠等（条文や制度の仕組みのほか，国会における議事録や立案担当者の説明資料などの立法ないし立案関係資料）を示しているか，その証拠等に照らしてその解釈に合理性があるかを検討する必要があります。
- 法律の文言を，立法趣旨を手掛かりとして解釈する場合に，それを「文理解釈」と「論理解釈」のいずれに分類するかという点は必ずしも本質的な問題ではなく，両解釈をどのように定義するかの問題であるともいえます。むしろ，租税法律主義の原則がある以上，法律の文言から大きく離れた解釈は認められるべきではないことを意識すべきでしょう。

　また，解釈をする際に，法令用語（「その他」と「その他の」の違いなど）の知識が必要になることにも注意が必要です。

2　ホステス報酬事件

【ホステス報酬事件】を確認します。この事件では，パブクラブを経営する法人であるＸら（原告・被控訴人・上告人）は，ホステスに対して半月ごとに支払う報酬に係る源泉所得税を納付するに際し，その報酬の額から，所得税法205条2号，同法施行令322条所定の控除額として，5千円に上記半月間の全日数を乗じて計算した金額を控除するなどして，源泉所得税額を計算していました。

税務署長（国が被告・控訴人・被上告人）は，上記控除額は5千円にホステスの実際の出勤日数を乗じて計算した金額にとどまるとして，これを基に計算される源泉所得税額と納税者の納付額との差額について納税の告知[※]及び不納付加算税（**第5章Ⅱ**）の賦課決定を行いました。そこで，Ｘはこれらの取消しを求めて提訴しました（源泉所得税の制度について**第11章Ⅰ**参照）。

[※]　源泉徴収等による国税が法定納期限までに納付されなかった場合には，税務署長は，支払者（源泉徴収義務者）に対して**納税の告知**を行い，徴収します（通法36①）。

パブクラブを経営する者がホステスに報酬を支払う場合，その支払金額から「政令で定める金額」を控除した残額に（基礎控除方式），100分の10の税率を乗じて計算した金額が納付すべき源泉所得税の額となります（所法204①，205二）。所得税法施行令322条は，上記の「政令で定める金額」を，「同一人に対し1回に支払われる金額」につき，「5千円に**当該支払金額の計算期間の日数**を乗じて計算した金額」とする旨規定しています。

この場合の「**当該支払金額の計算期間の日数**」について，**税務署長は「本件各集計期間のうち本件各ホステスの実際の出勤日数」**であると主張し，Ｘらは「**本件各集計期間の全日数**」であると主張しました。

報酬の支払いについて，Ｘらは，毎月1日～15日（毎年1月は3日～15日）及び毎月16日から月末まで（毎年12月は16日～30日）をそれぞれ1期間と定め（各々の期間を「本件各集計期間」といいます），本件各集計期間ごとに各ホステスの報酬の額を計算し，毎月1日～15日までの

報酬を原則としてその月の25日に，16日から月末までの報酬を原則として翌月の10日に，各ホステスに支払っていました。

　この場合，「当該支払金額の計算期間の日数」をどのように解釈するかによって，ホステス報酬の支払いに係る源泉徴収税額が変わります（スライド「ホステス報酬事件」）。

| スライド | ホステス報酬事件・最判平成22年3月2日民集64巻2号420頁 |

所得税法施行令322条の「当該支払金額の計算期間の日数」の意義

X らの主張	課税庁の主張
本件各集計期間の全日数	**本件各集計期間のうち本件各ホステスの実際の出勤日数**

当該支払いに係る源泉徴収税額＝（同一人に対し１回に支払われる金額
　　－5千円に当該支払金額の計算期間の日数を乗じて計算した金額）×１０％

例えば，１日〜15日の15日分
（実際の出勤日数は５日）をまとめて支払う場合

同一人に対し１回に支払われる金額から，**15日×5千円**を控除して，10%を乗じる	同一人に対し１回に支払われる金額から，**5日×5千円**を控除して，10%を乗じる

　最判平成22年３月２日民集64巻２号420頁は，次のとおり，Xらは，本件各集計期間ごとに，各ホステスに対して１回に支払う報酬の額を計算してこれを支払っているというのであるから，本件においては，上記の「当該支払金額の計算期間の日数」は，本件各集計期間の全日数となると判示しました。

> 「一般に，『期間』とは，ある時点から他の時点までの時間的隔たりといった，時的連続性を持った概念であると解されているから，施行令322条にいう『当該支払金額の計算期間』も，当該支払金額の計算の基礎となった期間の初日から末日までという時的連続性を持った概念であると解

> するのが自然であり，これと異なる解釈を採るべき根拠となる規定は見
> 当たらない。
>
> 　原審は，上記…のとおり判示するが，租税法規はみだりに規定の文言
> を離れて解釈すべきものではなく，原審のような解釈を採ることは，上
> 記のとおり，文言上困難であるのみならず，ホステス報酬に係る源泉徴
> 収制度において基礎控除方式が採られた趣旨は，できる限り源泉所得税
> 額に係る還付の手数を省くことにあったことが，立法担当者の説明等か
> らうかがわれるところであり，この点からみても，原審のような解釈は
> 採用し難い。
>
> 　そうすると，ホステス報酬の額が一定の期間ごとに計算されて支払わ
> れている場合においては，施行令322条にいう『当該支払金額の計算期間
> の日数』は，ホステスの実際の稼働日数ではなく，当該期間に含まれる
> すべての日数を指すものと解するのが相当である。」

　（政令については，法律からの委任の趣旨を汲んだ解釈論も展開すべ
きであると解されますが，このような政令も含めて）租税法規の解釈は
文理解釈が基本であることを明らかにした判示であるといってよいでし
ょう。

　ところで，通説は，次のとおり，租税法において文理解釈が原則とな
ることを説明しています（金子・租税法123～124頁）。

> 「租税法は侵害規範…であり，法的安定性の要請が強くはたらくから，そ
> の解釈は原則として文理解釈によるべきであり，みだりに拡張解釈や類
> 推解釈を行うことは許されない…ただし，文理解釈によって規定の意味
> 内容を明らかにすることが困難な場合に，規定の趣旨目的にてらしてそ
> の意味内容を明らかにしなければならないことは，いうまでもない」

　どちらかというと自由主義的側面から文理解釈の妥当性を説明してい
るようにみえます。いずれにしても，この説明と上記最判を比較すると，
同じような解釈態度を採用していても上記最判でははっきりと説明され
ていない点が浮き彫りになります。上記最判は，「租税法規はみだりに
規定の文言を離れて解釈すべきものではな」いと述べていますがその根
拠について明記していないのです[※]。

（※）　租税法律主義の原則の存在に加えて，源泉所得税は，申告により確定
　　　する税ではなく，自動的に税額が確定するものであり，支払者は，この
　　　自動的に確定した税額を法令に基づいて自ら算出し，これを支払額から
　　　徴収して国に納付すべきものとされていること（**最判昭和45年12月24日**
　　　民集24巻13号2243頁）からすると，課税要件が一義的に明確なものであ
　　　る必要性はより大きいという理解が背後にあるのでしょうか（鎌野真
　　　敬・最高裁判所判例解説民事篇 平成22年度（上）135頁）。

　文理解釈が要請される根拠については，後続の最高裁が憲法30条，84
条と上記平成22年最判等を引用して「租税法律主義の原則に照らすと，
租税法規はみだりに規定の文言を離れて解釈すべきものではない」と判
示し（**【堺市溜池跡地事件】最判平成27年 7 月17日集民250号29頁**），租
税法律主義の原則から出発して文理解釈が原則であるという解釈態度に
到達しています。そうすると，租税法律主義の**民主主義的側面**と**自由主
義的側面**の両面が条文の文言からの乖離を許さない厳格な解釈を要請し
ていると理解することが可能でしょうか。
　また，上記通説は，「文理解釈によって規定の意味内容を明らかにす
ることが困難な場合に，規定の趣旨目的にてらしてその意味内容を明ら
かにしなければならない」と述べていました。
　他方，「法令の文理解釈から一応の結論が出ても，<u>立法目的あるいは
立法趣旨に照らしあわせてみたとき，いかにもおかしい奇妙な結果にな
るというような場合</u>には，文理からは多少無理だと思われる場合があっ
ても，そういう立法目的，立法趣旨にふさわしい解釈をしなければなら
ないのである。それが，正しい法令解釈の態度である」という見解もあ
ります（林修三『法令解釈の常識〔第 2 版〕』（日本評論社，1975）104
頁）。
　租税法規について，最高裁が，どのような場合に規定の趣旨に根差し
た解釈の採用を許容するのかは必ずしも明らかではありません。
　そもそも，規定の趣旨を参照する解釈が認められるとしても，法文か
ら完全に離れることは稀ですし，趣旨への言及が補充的なものにすぎな
い場合もあります。

　個別の規定の趣旨そのものというよりも，関係する制度や仕組みを考慮して解釈論を展開する場合もあります。結論の妥当性を考慮して解釈や適用を背後で操作しているようにみえる判決もあります。文理解釈等の用語法も含めて，慎重に考察する必要があるでしょう（検討素材となるものとして，例えば，【サンヨウメリヤス事件】最判昭和45年10月23日民集24巻11号1617頁，【レーシングカー事件】最判平成 9 年11月11日訟月45巻 2 号421頁，最判平成16年12月16日民集58巻 9 号2458頁，最判平成17年 3 月10日民集59巻 2 号379頁，【外国税額控除余裕枠利用事件】最判平成17年12月19日民集59巻10号2964頁，【ガイアックス事件】最判平成18年 6 月19日集民220号539頁，最判平成22年 4 月13日民集64巻 3 号791頁，最判平成26年12月12日集民248号165頁などがあります）。

　なお，【タキゲン事件】では，課税に関する納税者の信頼及び予見可能性を確保する見地から，通達の意味内容についてもその文理に忠実に解釈するのが相当であるとした原審・東京高判平成30年 7 月19日訟月66巻12号1976頁に対して，最判令和 2 年 3 月24日集民263号63頁の宮崎裕子裁判官の補足意見は，「租税法の法令解釈において文理解釈が重要な解釈原則であるのと同じ意味で，文理解釈が通達の重要な解釈原則であるとはいえない」ことを指摘しています。

Ⅲ　借用概念と解釈における私法の尊重

　租税法規で用いられている概念は次の 3 つに分類することができます。

概　念	意　義	例
①　借用概念	他の法分野で用いられている概念（を租税法が借用しているもの）。借用概念には，種々の法分野からのものがあるが，主として問題になるのは民商法等の私法からの借用概念	住所，配当，相続，不動産，配偶者，法人，匿名組合

② 固有概念	他の法分野では用いられておらず，租税法が独自に用いている概念	所得，資産
③ その他の概念	①，②以外のもの	自動車，事業

　上記①の**借用概念**の解釈について，租税法独自の観点や租税法規の趣旨を重視して解釈する見解もありますが，通説は，次のとおり，他の法分野におけると同じ意義に解釈するのが，租税法律主義＝法的安定性の要請に合致するとしています（**統一説**）（上記の各概念の分類も含めて，金子・租税法126〜128頁）。

> 「納税義務は，各種の経済活動ないし経済現象から生じてくるのであるが，それらの活動ないし現象は，第一次的には私法によって規律されているから，租税法がそれらを課税要件規定の中にとりこむにあたって，私法上におけると同じ概念を用いている場合には，別意に解すべきことが租税法規の明文またはその趣旨から明らかな場合は別として，それを私法上におけると同じ意義に解するのが，法的安定性の見地からは好ましい。その意味で，借用概念は，原則として，本来の法分野におけると同じ意義に解釈すべき」

　他方，通説は，上記②の固有概念について次のとおり解しています（金子・租税法129頁）。

> 「社会生活上または経済生活上の行為や事実を，他の法分野の規定を通ずることなしに，直接に租税法規の中に取り込んでいる場合であるから，その意味内容は，法規の趣旨・目的にてらして租税法独自の見地から決めるべきである」

　租税法規は，**私的な経済取引とその効果，これを規律する私法のルールを前提として課税対象や課税要件を設定**しています。また，租税法規の解釈は，租税法律主義の原則により，文理解釈が原則です。

　概念論と解釈論の相違はありますが，仮に，これらのことから統一説の考え方を導くことができるとすると，借用概念という中間概念を用いずに，端的に文理解釈やその限界の議論をすればよいのかもしれません。

この場合，ある税法上の用語が（裁判所も用いてはいますが）学問上の借用概念という中間概念に該当するかどうかを決定し，その後，借用概念であれば借用元の用語の意義と同一に解するという2段階アプローチに執着することは本質的な議論から離れてしまう危険性があります。

　このように考えてくると，統一説については，それが，租税法律関係において，予測可能性や法的安定性に貢献する役割を果たしている点を特に評価すべきかもしれません（スライド「借用概念の統一説の貢献」）。

借用概念の統一説の貢献

【前提】
- 租税法規は、私的な経済取引やその効果、これを規律する私法のルールを前提として課税対象や課税要件を設定
- 租税法規の解釈は、租税法律主義の原則により、文理解釈が原則

例えば、租税法規が「相続」や「配偶者」という概念を独自の定義をせずに使用している場合

そのような概念や用語の通常の用語法に従って、民法におけるこれらの概念ないし用語と同義に解することは**文理解釈上、当然のこと？**（何ら定義することなく用いている場合には、それは私法上の概念を念頭に置いている？　ただし「通常」とは「法令用語又は法律家として通常？」）
そして、そのような概念の解釈にあたっては、**借用元の私法におけるその概念の意味内容が重視されるのは当然のこと？**

借用概念の統一説は、予測可能性や法的安定性に貢献する役割を果たしていることが評価されるべき
そうであれば、企業会計、経済学など法以外の他の分野や一般社会に存在する用語と同じ用語を租税法規が使用していても、それをもって借用概念とは呼ぶべきではない

　ただし，借用元の私法における概念の意味内容がはっきりと確定していない概念，外国法の概念，純粋な私法以外の法分野の概念，企業会計など法分野以外の分野の概念の各取扱いなど，議論すべき問題は複数存在しています。

　統一説を採用するとしても，法的安定性や予測可能性が十分に確保されない**限界領域**もあるということです（私法上の概念の取込みの代替案とその実現可能性について，渋谷雅弘「借用概念解釈の実際」金子宏編

『租税法の発展』（有斐閣，2010）54頁））。

Ⅳ 事実認定・契約解釈の場面における私法の尊重

1 概 要

　上記のように，税法においては，借用概念の解釈場面を中心として，借用元の他の法分野（とりわけ民商法等の私法）におけると同じ意義に解釈するという意味で，**解釈論において私法が尊重**されます（その裏には立法の場面における私法の尊重があるといえるでしょう）。これにとどまらず，**課税は原則として私法上の法律関係に即して行われるべきである**と解されています。通説は，次のとおり説明しています（金子・租税法129頁）。

> 「租税法は，種々の経済活動ないし経済現象を課税の対象としているが，それらの活動ないし現象は，第一次的には私法によって規律されている。租税法律主義の目的である法的安定性を確保するためには，課税は，原則として私法上の法律関係に即して行われるべきである」

　例えば，契約の成立や契約の解釈は私法の考え方に従ってなされるべきであり，明文の規定なしに，租税法独自の考え方に従ってなされるべきであるとは解されていません。

　事実認定や契約解釈の場面でしばしば問題となるのは仮装行為です。仮装行為というのは，意図的に真の事実や法律関係を隠蔽ないし秘匿して，見せかけの事実や法律関係を仮装することであって，通謀虚偽表示（民94）がその典型例です。

　仮装行為が存在する場合には，仮装された事実や法律関係でなく，隠蔽ないし秘匿された事実や法律関係に従って課税が行われなければならないことは，特段の規定を待つまでもなく，**課税要件事実は外観や形式に従ってではなく実体や実質に従って認定されなければならないこと**の当然の論理的帰結であるといわれています（金子・租税法150頁）[※]。

（※）　通謀虚偽表示や仮装行為の場合に，表示された契約によらずに課税を行うという考え方について，課税の基礎とすべき法律行為が有効に成立しているか否かということよりも，**当事者の内心的効果意思が合致しているところにこそ課税の基礎たる法律関係を見出すべきとの考え方を看取**することができるという見解があります（酒井・租税法と私法117頁）。

2　相互売買事件

参考として，【相互売買事件】を確認します（スライド「相互売買事件」）。

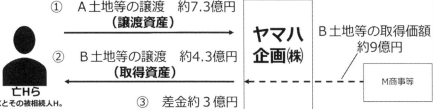

相互売買事件・東京高判平成11年6月21日高民集52巻1号26頁　スライド

- 本件取引＝同日付の各売買契約（①・②）と同日に行われた差額決済（③）
- 本件取引は，本件譲渡資産と本件取得資産との補足金付交換契約とみるべきか（税務署長側主張）
- 本件譲渡資産及び本件取得資産の各別の売買契約とその各売買代金の相殺とみるべきか（Xら主張）

① A土地等の譲渡　約7.3億円 **（譲渡資産）**

② B土地等の譲渡　約4.3億円 **（取得資産）**

③ 差金約3億円

ヤマハ企画㈱

B土地等の取得価額 約9億円

M商事等

亡Hら （Xとその被相続人H。Xは原告・被控訴人）

税務署長

A土地等（譲渡資産）の譲渡に係る収入金額 ＝B土地等（取得資産）の時価約7.7億円＋③差金約3億円＝約10.7億円

（注意：本件における時価については別途検討の余地あり）

所得税法36条1項の収入金額は収入したもの（入ってくるもの）の時価で計上

（参考）民法
555条（売買）：「売買は，当事者の一方がある財産権を相手方に移転することを約し，相手方がこれに対してその代金を支払うことを約することによって，その効力を生ずる。」
586条1項（交換）：「交換は，当事者が互いに金銭の所有権以外の財産権を移転することを約することによって，その効力を生ずる。」

この事件では，個人である亡Hらは，ヤマハ企画との間で締結した売買契約に基づいて本件譲渡資産を譲渡しており，その譲渡による所得は所得税法33条1項の譲渡所得に該当します（ただし，不動産の譲渡なので別途，租税特別措置法（※）の規定の適用があります）。この場合，本件取引（同日付の各売買契約及び同日に行われた差額決済のこと）を相互売買と交換のいずれと解するかによって総収入金額に算入すべき金額が

異ってくることが前提とされたため，この点が争いとなりました（スライド「相互売買事件と収入金額」）。

（※）　各税法の特例を定める租税特別措置法で定められている租税特別措置の多くが特定の者の税負担を軽減することなどにより，産業政策等の特定の政策目的の実現に向けて経済活動を誘導する手段となっています（「平成22年度税制改正大綱」（H21.12.22閣議決定）10頁）。このような政策税制は，公平性や中立性という租税原則の歪みを生じさせてなお，必要性や有効性があることが明確に認められるもののみに限定し，期限を区切って措置することが原則であるから，その適用期限到来時には，必要性や有効性を検証のうえ，廃止を含めてゼロベースで見直す必要があると考えられています（令和5年現状と課題203頁。租税特別措置の適用状況の透明化等に関する法律参照）。

スライド

相互売買事件と収入金額 (所法33、36)

譲渡所得の金額　＝
| 総収入金額 | － | その資産の取得費・譲渡費用 | － | 特別控除額 |

↓

総収入金額に算入すべき金額は、原則として、その年において収入すべき金額（**金銭以外の物又は権利その他経済的な利益をもって収入する場合には、その金銭以外の物又は権利その他経済的な利益の価額**）　｜　金銭で収入なら金銭の額を算入

↓

当該物若しくは権利を取得し、又は当該利益を享受する時における価額

本件への当てはめ（本件取引の性質によって収入金額に差が出る）

↓

| 本件取引が相互売買の場合 | 本件譲渡資産に係る財産権移転の対価としてヤマハ企画から金銭を受領するため（民555）、**その金銭の額を総収入金額に算入**（所法36①②） |
| 本件取引が交換の場合 | 本件譲渡資産に係る財産権移転の対価として金銭（交換差金）及び本件取得資産を受領することになるため（民586①②）、**交換差金の額と本件取得資産の取得時における時価相当額の合計額を総収入金額に算入**（所法36①②） |

　　別解もありますが，スライドのとおり，本件取引が相互売買である場合には約定金額が総収入金額に算入される一方，交換である場合には時

価相当額（本件のように交換差金がある場合にはこれを加算した金額）が総収入金額に算入されることになります。

　本件は時価と異なる価格で相互売買が行われており，本件取引を売買と交換のいずれと認定するかによって譲渡所得の算定上，総収入金額に算入すべき金額ひいては税負担が異なる事案です。ただし，本件譲渡資産と本件取得資産の時価の算定について，本件取引当時はバブル経済の中で地価の騰貴が進行していたことなどが考慮されています。

　要するに，本件取引は，本件譲渡資産と本件取得資産との補足金付交換契約とみるべきか（税務署長側主張），本件譲渡資産及び本件取得資産の各別の売買（相互売買）契約とその各売買代金の相殺とみるべきか（Ｘら主張）が争いになっています。

　第一審・東京地判平成10年５月13日訟月47巻１号199頁は，「本件取引は本件取得資産及び本件差金と本件譲渡資産とを相互の対価とする不可分の権利移転合意，すなわち，ヤマハ企画において本件取得資産及び本件差金を，亡Ｈらにおいて本件譲渡資産を相互に相手方に移転することを内容とする交換（民法586条）であった」として，本件取引は交換契約であると判断しました。

　上記東京地判については，民法586条を引用して交換であるとしているところからみて，民法上も交換契約と認定したことは明らかであり，後でみる**私法上の法律構成による否認**の方法により認定したという見方が示されています（今村隆『租税回避と濫用法理』（大蔵財務協会，2015）66頁）。

　他方，控訴審・東京高判平成11年６月21日高民集52巻１号26頁は，次のとおり判示して，本件取引は，亡Ｈらがヤマハ企画に対して本件譲渡資産を代金７億3,313万円で売却するとともに，他方でヤマハ企画から亡Ｈらが本件取得資産を代金４億3,400万円で購入し，この２つの売買契約の代金を相殺した差額の２億9,913万円を，ヤマハ企画が亡Ｈらに対して本件差金として支払ったというものであったとみるべきと判断しています（後記Ｖを学んだ後に読み返してみると理解が進みます）。

「本件取引に際して，亡Hらとヤマハ企画の間でどのような法形式，どのような契約類型を採用するかは，両当事者間の自由な選択に任されていることはいうまでもないところである。確かに，本件取引の経済的な実体からすれば，本件譲渡資産と本件取得資産との補足金付交換契約という契約類型を採用した方が，その実体により適合しており直截であるという感は否めない面があるが，だからといって，譲渡所得に対する税負担の軽減を図るという考慮から，より迂遠な面のある方式である本件譲渡資産及び本件取得資産の各別の売買契約とその各売買代金の相殺という法形式を採用することが許されないとすべき根拠はないものといわざるを得ない。

　もっとも，本件取引における当事者間の真の合意が本件譲渡資産と本件取得資産との補足金付交換契約の合意であるのに，これを隠ぺいして，契約書の上では本件譲渡資産及び本件取得資産の各別の売買契約とその各売買代金の相殺の合意があったものと仮装したという場合であれば，本件取引で亡Hらに発生した譲渡所得に対する課税を行うに当たっては，右の隠ぺいされた真の合意において採用されている契約類型を前提とした課税が行われるべきことはいうまでもないところである。

　しかし，本件取引にあっては，亡Hらの側においてもまたヤマハ企画の側においても，真実の合意としては本件譲渡資産と本件取得資産との補足金付交換契約の法形式を採用することとするのでなければ何らかの不都合が生じるといった事情は認められず，むしろ税負担の軽減を図るという観点からして，本件譲渡資産及び本件取得資産の各別の売買契約とその各売買代金の相殺という法形式を採用することの方が望ましいと考えられたことが認められるのであるから，両者において，本件取引に際して，真実の合意としては右の補足金付交換契約の法形式を採用した上で，契約書の書面上はこの真の法形式を隠ぺいするという行動を取るべき動機に乏しく，したがって，本件取引において採用された右売買契約の法形式が仮装のものであるとすることは困難なものというべきである。

　また，本件取引のような取引においては，むしろ補足金付交換契約の法形式が用いられるのが通常であるものとも考えられるところであり，現に，本件取引においても，当初の交渉の過程においては，交換契約の形式を取ることが予定されていたことが認められるところである…。しかしながら，最終的には本件取引の法形式として売買契約の法形式が採

用されるに至ったことは前記のとおりであり，そうすると，いわゆる<u>租税法律主義の下においては，法律の根拠なしに，当事者の選択した法形式を通常用いられる法形式に引き直し，それに対応する課税要件が充足されたものとして取り扱う権限が課税庁に認められているものではない</u>から，本件譲渡資産及び本件取得資産の各別の売買契約とその各売買代金の相殺という法形式を採用して行われた本件取引を，本件譲渡資産と本件取得資産との補足金付交換契約という法形式に引き直して，<u>この法形式に対応した課税処分を行うことが許されない</u>ことは明かである。」

　なお，法律行為が行われたことを示す文書である処分証書について，文書成立の真正が証明された場合，特段の事情ない限り，文書に記載されている法律行為が行われたことが認定されます（**処分証書の法理**）（高橋和之ほか編『法律学小辞典〔第 5 版〕』（有斐閣，2016）706頁）。

　上記東京高判は，「本件取引に関しては，本件譲渡資産の譲渡及び本件取得資産の取得について各別に売買契約書が作成されており，当事者間で取り交わされた契約書の上では交換ではなく売買の法形式が採用されている」ことを述べており，上記のような処分証書としての各売買契約書の存在を重視している可能性があります（今村隆『課税訴訟における要件事実論〔3 訂版〕』（日本租税研究協会，2022）54頁）。

V　租税回避とその否認

1　節税・脱税・租税回避

　学校や会社など目的地に行く交通手段（徒歩，自転車，自家用車，タクシー，バス，電車など）が複数存在する場合，最も安価な交通手段を選択する方や，交通費の負担額のみならず所要時間や乗換えの手間等も考慮して最も経済合理的な交通手段ないしその組合せを選択する方は多いと思います。

　同じように，ある経済的目的や成果を達成するために，どのようなルートを通るか（いつ，誰と，どのような内容の契約を結ぶかなど）は，

基本的に個人や法人の自由ですし，通常は，最も経済合理性のあるルートが選択されるでしょう。

　納税者にとって税金は金銭的負担ですから，この場合の経済合理性の程度を判断する際に，重要な考慮要素になりえます。そうすると，ある経済的目的や成果を達成するために，最も税負担の小さいルートを採用しようとすることは自然なことです。税負担を減らす方法は，違法なものから合法なものまでいろいろ存在します。この場合の経済的目的や成果は，**厳密には多少法的効果が異なっていても，経済的にみてほぼ同じと評価できればよいという程度に穏やかなものを想定しています。**

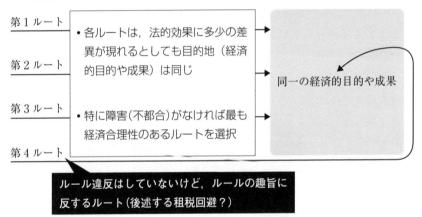

第1ルート
第2ルート
第3ルート
第4ルート

・各ルートは，法的効果に多少の差異が現れるとしても目的地（経済的目的や成果）は同じ

・特に障害(不都合)がなければ最も経済合理性のあるルートを選択

同一の経済的目的や成果

ルール違反はしていないけど，ルールの趣旨に反するルート(後述する租税回避？)

　この点について，学説は，節税，脱税，租税回避という概念を用いて整理します。それぞれの定義はスライド「節税・脱税・租税回避」のとおりですが，節税と租税回避の境界は必ずしも明確でなく結局は社会通念によって決めざるをえません（金子・租税法133～135頁）。

節税・脱税・租税回避

スライド

区　分	定　　義	課税要件の充足
節税	例）事務効率アップのAI導入で税金が安くなる特例を適用 租税法規が予定しているところに従って税負担の減少を図る行為	⭕
脱税	例）売上関係の請求書を破棄して、売上を計上しない 課税要件の充足の事実を全部又は一部秘匿する行為	⭕
租税回避	私法上の形成可能性を異常又は変則的な態様で利用すること（濫用）によって、税負担の軽減・排除を図る行為	⭕✖

濫用的な手段を用いて、納税義務が発生するルールの課税要件は満たさないように、納税義務を軽減させるルールの課税要件は満たすようにする行為

（出典）金子・租税法133-135頁を基に筆者作成

　また，租税回避については次の２つの類型があるとされます（金子・租税法134頁）。

> **租税回避の類型**
>
> ①合理的又は正当な理由がないのに，通常用いられない法形式を選択することによって，通常用いられる法形式に対応する税負担の軽減又は排除を図る行為
> ②租税減免規定の趣旨・目的に反するにもかかわらず，私法上の形成可能性を利用して，自己の取引をそれを充足するように仕組み，もって税負担の軽減又は排除を図る行為

　例えば，一定のAI（人工知能）を導入した者には通常よりも多額の減価償却費の計上を認めるような規定が定められている場合に，納税者がこの規定を適用して税負担を図るために，その要件を満たすAIを導入することは節税にあたります。

　また，事業を営む個人が年間で１億円の利益が出ているにもかかわら

ず，取引先と通謀して架空の外注費 1 億円を計上し，所得税の負担を免れるような行為は，脱税にあたります（ただし，それが実際に逋脱罪<ruby>逋<rt>ほだつ</rt></ruby>脱罪（所法238①等）に問われるかどうかは別途検討する必要があります）。

2　租税回避の効果とその否認

　租税回避の効果については，次のいずれになるかという問題があります。

> ❶当事者が用いた私法上の法形式を租税法上もそのまま容認し，それに即して課税や減免を行うべき
> ❷それが私法上は有効なことを前提としつつも，租税法上はそれを無視し，通常用いられる法形式に対応する課税要件が充足されたものとして課税を行うべき，又は減免規定の適用を認めないこととすべき

　要するに，租税回避があった場合に，**当事者が用いた法形式を租税法上は無視し，通常用いられる法形式に対応する課税要件が充足されたものとして取り扱う（減免規定については，その適用を認めない）**かという，租税回避の否認の可否の問題です（金子・租税法135頁）。

　わが国では，立法者が特定の租税回避がなされることをあらかじめ予想して，それを防ぐために**個別の租税回避否認規定**を置くことが通常です（例えば，不動産所得を生ずべき任意組合等の事業に係る個人の組合員の組合損失を生じなかったものとみなす措法41の 4 の 2 ①や不相当に高額な役員給与の損金計上を認めない法法34②など）。また，これよりもやや射程範囲の広い**行為計算否認規定**というものも用意されています（所法157①一，法法132，132の 2 ，相法64①等）。ただし，個別的否認規定は，法的安定性や予測可能性に資する一方，条文数を増加させ，租税法規を複雑にし，新たな租税回避が発見されても法律又は政令で手当てするまでにタイムラグを生じさせるものであり，行為計算否認規定を含む一般的な租税回避の否認規定と比較して，租税回避の試みに対する牽制効果が薄いという面を有しています。

3　私法上の法律構成による否認論

　上記Ⅳの事実認定・契約解釈の場面における私法の尊重と関わる私法上の法律構成による否認論に関して確認します。中里実『タックスシェルター』（有斐閣，2002）224～225頁は，「当事者の採用した私法上の有効な法律構成（およびそこからもたらされる経済的効果）が租税法上正面から無視されて，別の私法上の法律構成（およびそこからもたらされる経済的効果）が存在するかのようなかたちで課税要件が充足されたものとされ，課税が行われる」ことを狭義の租税回避の否認として整理したうえで，次のとおり説明しています。

> 「課税は，第一義的に私法の適用を受ける経済取引の存在を前提として行われる。したがって，課税を考えるに際しては，当該取引に関する私法上の法律構成のあり方が重要となる。そこで，課税の前提となる私法上の当事者の意思を，私法上，当事者間の合意の単なる表面的・形式的な意味によってではなく，経済的実体を考慮した実質的なかたちにしたがって認定し，その真に意図している私法上の事実関係を前提として法律構成をし，課税要件へのあてはめを行えば，結果として，狭義の租税回避否認と同様の効果をもたらすことが可能となろう。典型的には，虚偽表示の場合に，当事者の表示にしたがった課税ではなく，民法上認定される当事者の真の意思にしたがった課税が行われるという場合がこれにあたる。これは，結局，当事者間の真の私法上の合意内容に基づいて課税を行うというものであるから，（当事者の私法上有効な行為が課税上無視されるという）狭義の租税回避否認ではなく，課税庁や裁判所が認定した『真実の』法関係に基づいた課税であるにすぎない。しかし，このことにより，当事者が課税を逃れるために外形上つくり出した私法上の表面的な（虚偽の）法律関係が（私法上および課税上）無視されるという意味においては，これも，広義の租税回避『否認』といってよかろう。そして，たとえ契約が虚偽表示にあたる旨を裁判所が正面から認定していないような場合であっても，（終局的には裁判所による）事実認定の結果として，（当事者の主張と異なる）課税要件に該当するような事実認定がなされれば，当該事実認定にしたがった課税が行われるのは当然のことである。したがって，このような事実認定・契約解釈による『否認』には，明文の租税法の規定は必要ではない。」

また，私法上の法律構成による否認論の支持者は，要旨次のとおり説明しています（今村隆『租税回避と濫用法理』（大蔵財務協会，2015)57～60，100頁）。

- 課税要件事実の認定は，外観や形式に従ってでなく，真実の法律関係に即して認定がなされなければならないが，その結果，当事者が用いた法形式が否定されることがあり，このような場合も当事者が用いた法形式を否定するという意味で「否認」と呼ぶ。このような私法上の法律構成による否認は，税法固有のものではなく，私法上の事実認定あるいは契約解釈の方法によるものであり，このような認定方法が許されるのは当然のことである。
- 私法上の法律構成による否認の方法は，①契約が不存在と認定する場合，②契約が虚偽表示により無効であると認定する場合（隠匿行為を認定する場合を含む），③契約の法的性質の決定により，当事者の選択した法形式を否定して，真実の契約関係を認定する場合の3つの場合がある。
- 課税要件事実を認定するにあたり，対象となる契約関係において，当事者に租税回避目的がある場合には，当事者が選択した法形式が真実の法律関係であるか否かを判断するにあたっての重要な間接事実になるであろう。その意味では，課税要件事実の認定にあたり，租税回避行為であることが意味を持つ。しかし，租税回避行為であることが意味を持つといっても，あくまでも契約の成立の有無の認定あるいは契約の法的性質決定にあたり意味を持つということである。

　もっとも，租税回避目的について，当事者が選択した法形式が真実の法律関係であるか否かを判断するにあたっての重要な間接事実になるとしても，特段の事情のない限り（租税回避を達成するために選択すべき法形式を実際に選択することに不都合が生じない限り），**税負担を回避したいという動機の存在は，当事者が選択した法形式が真実のものである，そのような契約を締結する真の意思があることを裏づける事情（間接事実）として評価されることが経験則にかなっています。**

　この点について，私法上の法律構成による否認論に対する次の批判を確認しておきます（谷口勢津夫「租税回避否認規定に係る要件事実論」

同『税法創造論』(清文社,2022) 340～345頁)。

- 上記のように租税回避目的を重要な間接事実とする考え方の核心は,租税回避目的を,訴訟の場面で当事者がその目的で選択した法形式が課税要件事実に係る真実の法律関係(主要事実)と異なることを強く推認させる重要な間接事実として捉える事実認定論にある。
- 私法上の法律構成による否認論は,訴訟における主張立証の過程で租税回避目的という経済的な動機・意図を重視するものであり,明文の規定がある場合にしか租税回避の否認を許容すべきでないとする租税法律主義の要請を,訴訟法・証拠法の観点から課税要件法の解釈を通じて訴訟の場面で潜脱するものである。
- 私法上の法律構成による否認論は,租税回避目的に相応する真実の法律関係をそのまま課税要件事実として受け入れるのではなく,租税回避目的を,当事者の選択した法形式が真実の法律関係と異なることの重要な間接事実とみて,その法形式と異なる法律関係を真実の法律関係として推認する判断構造(間接事実から要件事実を推認する判断の構造)が観念される。
- 私法上の法律構成による否認論の法創造機能は,租税法律主義の下では認められない。

4 課税庁による租税回避の否認の営み

　スライド「課税庁による租税回避の否認の営み」で租税回避の否認について簡単に説明しておきます。

課税庁による租税回避の否認の営み

課税庁による租税回避の否認の営み（個別否認規定や法人税法132条等の行為計算否認規定の適用を除く）

① 租税法規の規範内容・租税法規の解釈

文理解釈・論理解釈
（目的論的解釈）を駆使

← 牽制

租税法律主義の原則の下での厳格な文理解釈、解釈論の場面における私法の尊重、借用概念の統一説等

② 事実認定・契約解釈

当事者の真の意思の探求
独自の事実認定・契約解釈
租税回避事案であることの端緒把握

← 牽制

事実認定・契約解釈の場面における私法の尊重、借用概念に関係する事実認定・契約解釈、処分証書の法理等

③ 結論

租税回避事案であることや租税公平主義に反することをアピール

訴訟での敗訴等を経て、現在の課税庁は、少なくとも訴訟段階では①②の両場面で私法を尊重だが、調査の現場ではそうともいえない？

　課税庁は，スライドの①と②の段階でそれぞれ法解釈や事実認定・契約解釈を工夫して租税回避の否認を試みますが，いずれも牽制されてしまいます（参考として，上記①について【フィルムリース事件】最判平成18年1月24日民集60巻1号252頁，【武富士事件】最判平成23年2月18日集民236号71頁，上記②について前掲【相互売買事件】東京高判平成11年6月21日，【フィルムリース事件】大阪高判平成12年1月18日民集60巻1号307頁）。

　現在の課税庁は，訴訟での敗訴等を経験して，少なくとも訴訟の段階では文理解釈と私法の尊重を意識した主張を行っているように思われます。ただし，税務調査等の現場では必ずしもそうではないようです。

　なお，課税庁は，上記①や②の段階で有効な主張ができない場合には，③の段階で，関係法令の具体的な要件や用語の意義を限定的に解釈するのではなく，制度濫用と税負担の公平を著しく害することを根拠として，（租税法に内在又は外在する不文の法理により，法文から離れて）法人

税法69条の適用を認めないという結論を採用したようにみえる**【外国税額控除余裕枠利用事件】最判平成17年12月19日民集59巻10号2964頁**の判示を引用して，濫用的租税回避として否認されるべきであるという主張を展開するかもしれません。

　ただし，租税回避事案であることのアピールは，「課税庁は，否認できる法的根拠がないにもかかわらず，租税回避事案であるという理由で無理な課税処分を行ったのではないか」という警戒心を裁判官等に抱かせる可能性があります。

　租税法規は自然発生的に社会で形成されるものではなく，国会で制定されるものであり，しかも毎年改正されるものですから，国会で作った明文の規定を離れて租税回避を否認することを試みるよりも，やはり，税制改正で手当てをしていくべきでしょう。このような視点は，租税法領域において厳格な文理解釈が支持されることとも関係しています。

第4章　租税法の通則①

　本章と次章では，国税通則法の規定内容を中心として，租税法の通則について確認します。

I　国税通則法とは

　国税通則法には，国税の納付や徴収，課税処分，税務調査，課税処分に不服がある場合の争訟に関することなど，**国税についての基本的な事項及び共通的な事項**が定められています（通法1）。

　所得税法などの個別の税法の関係では，**国税通則法は一般法，個別の税法は特別法**という関係にあります。よって，同一の事項に関する規定が国税通則法にもあり，個別の税法にもある場合には，個別の税法が優先して適用されます（通法4）。他方，行政手続法や行政事件訴訟法等と国税通則法との関係については，原則として，**国税通則法が特別法**になるため，国税通則法が優先的に適用されます（通法74の14，80，114，行手1②，行訴1，行審1②）。

■国税通則法と他の法律との関係

・各規定の規律範囲がかぶったときは**特別法が優先適用**
・一般法と特別法の関係は相対的

Ⅱ　納税義務の成立・確定・消滅

　国税を納付する義務と源泉徴収による国税を徴収して国に納付する義務を**納税義務**といいます（通法15①）。国税（源泉徴収による国税を除きます）を納める義務がある者（国税徴収法の第二次納税義務者及び国税の保証人を除きます）及び源泉徴収による国税を徴収して国に納付しなければならない者を**納税者**といいます（通法 2 五）。

　私法上の債権債務と異なり，納税義務（国の租税債権に対応する納税者の租税債務）については各税法に定める課税要件が充足すると**抽象的に発生（成立）**し，特別のものを除いては，その後，**確定のための所定の手続を経て初めて具体化**されるという構成が採られています（志場ほか・通則法精解254頁）[※]。源泉徴収による所得税を除く所得税は「暦年の終了の時」，源泉徴収による所得税は「利子，配当，給与，報酬，料金その他源泉徴収をすべきものとされている所得の支払の時」に納税義務が成立します（通法15②一・二）。納税義務がいつ成立するかという点は繰上保全差押制度（通法38③），一定の賦課課税方式による国税の賦課決定の期間制限の起算日（通法70①三）などに影響を与えますが，一般的には，税額の確定のほうが重要です。

（※）　ここでの確定は，私人間の契約において債権債務の内容を当事者が交渉等して確定していく営みに似ている面もありますが，法律に定められた所定の要件の充足の有無を確認し，納付すべき税額を確定する営みにすぎません。

　　なお，租税法律関係においては，更正決定権限，徴収に関する自力執行権，滞納処分に際して租税債権に認められる一般的優先権など，債権者である国家が優越性を持ち，その限りで租税法律関係は不対等な関係です（金子・租税法30頁）。

　国税についての納付すべき税額の確定の手続として，**原則的な方式である申告納税方式**と**例外的な方式である賦課課税方式**という 2 つの税額確定方式があります（通法16①）。

申告納税方式	賦課課税方式
納付すべき税額が納税者のする申告により確定することを原則とし，その申告がない場合又はその申告に係る税額の計算が国税に関する法律の規定に従っていなかった場合その他当該税額が税務署長又は税関長の調査したところと異なる場合に限り，税務署長又は税関長の処分により確定する方式	納付すべき税額がもっぱら税務署長又は税関長の処分により確定する方式

　源泉所得税のように納税義務の成立と同時に特別の手続を要しないで納付すべき税額が確定する国税は別として，所得税や法人税などのように，納税義務が成立する場合において，納税者が，国税に関する法律の規定により，納付すべき税額を申告すべきものとされている国税は申告納税方式，各種の加算税や過怠税などそれ以外の国税は賦課課税方式となります（通法15③，16②）。

　申告納税方式の下では，成立した納税義務の確定及び履行の**第1次的な責任は納税義務者に委ねられており**，その確定及び履行という租税手続法の領域でも，納税義務者に主たる役割を演ずることが期待されており，**課税庁の権力的行為は第2次的・補充的地位を占めるにすぎません**（清永敬次『税法〔新装版〕』（ミネルヴァ書房，2013）59頁）。

　申告納税方式は，まずは課税庁による課税処分ではなく，納税者自らが申告・納税することを予定していますから，**民主主義的租税観**に合致する方式です。

　他方で，納税者任せにしてしまっては不都合もありますから，何かあれば，課税庁が出てきて，正しい税額を確定しますし，後でみる加算税等のペナルティによる担保措置も用意されています。少なくとも申告納税方式のほうが，より高度な知識，高い倫理観が納税者に求められますし，納税者側の負担が大きいといえるでしょう[※]。

（※）　シャウプ勧告は，次のとおり，申告納税制度における納税者の自発的協力の重要性を強調しています（シャウプ使節団・Ⅳ巻D4頁）。

> 「所得税，および法人税の執行面の成功は全く納税者の自発的協力にかかっている。納税者は，自分の課税されるべき事情，また自分の所得額を最もよく知っている。このある納税者の所得を算定するに必要な資料が自発的に提出されることを申告納税という。源泉徴収の行われない分野においてはかかる申告納税は満足な税務行政にとって極めて大切である」

　　租税法規の内容の複雑・難解性や課税庁の権力性等を考慮すると，申告納税制度の世界では**税務に関する専門家である税理士の役割・活躍**が特に重要となります（地方自治体のものも含む租税行政組織について，酒井克彦『クローズアップ　租税行政法〔第2版〕』（財経詳報社，2016）2〜8頁）（スライド「税の世界の主なプレイヤー」）。

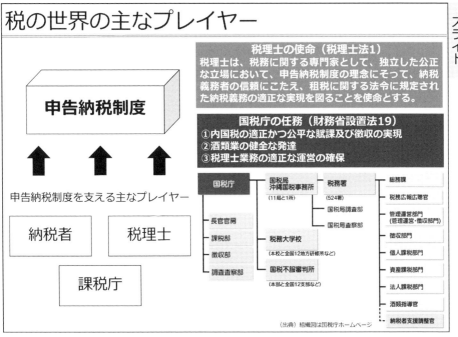

申告納税方式による国税等の納付について，期限内申告書の場合はその**法定納期限**(※)，期限後申告書又は修正申告書の場合は各提出日，更正通知書又は決定通知書の場合は各通知書が発せられた日の翌日から起算して１月を経過する日，加算税の賦課決定通知書の場合は各通知書が発せられた日の翌日から起算して１月を経過する日までに，それぞれに係る税額を納付しなければなりません（通法35）。

（※）　国税に関する法律の規定により国税を納付すべき期限のこと（通法２八）。例えば，申告期限内に所得税の確定申告書を提出した居住者は，その申告書に記載した所得税額を，第３期（その年の翌年２月16日から３月15日までの期間）において，国に納付しなければなりません（所法128）。この場合の３月15日が法定納期限です。３月15日が日曜日，祝日などの休日や土曜日に当たる場合には，その翌日が法定納期限とみなされます（通法10②，通令２②）。法定納期限までに完納しない場合には，その翌日から完納する日までの日数に応じて延滞税が課されますし（通則60），法定納期限から徴収権の消滅時効が進行します（通法72）。

　納税者がその国税をその**納期限**(※1)までに完納しない場合には，税務署長は，原則として，その納税者に対し，督促状によりその納付を**督促**しなければならず，その納期限から50日以内に督促状を発します（通法37①②）。滞納者が督促を受け，その督促に係る国税をその督促状を発した日から起算して10日を経過した日までに完納しないときは，税務署長その他国税の徴収に関する事務に従事する職員である徴収職員は，滞納者の国税につきその財産を差し押さえなければなりません（徴法２十一，47①一）(※2)。督促は，いわば差押えをするための前提要件です。

（※１）　期限後申告書や修正申告書を提出した日，更正通知書や納税の告知の際に指定される日など実際に納付すべき期限（**具体的納期限**）です（通法35，36②）。この期限までに納付しないと履行遅滞になり，上記の督促につながります。通常，具体的納期限と法定納期限は一致しますが，法定納期限後に税額が確定するような場合は両者にズレが生じます。

（※２）　徴収職員は，滞納処分（差押え）のため滞納者の財産を調査する必要がある場合に，滞納者等に対する質問検査や捜索を行う権限を有しています（徴法２六・九，141，142）。

　差押えは，滞納者の特定の財産について**法律上又は事実上の処分を禁止する効力**を有します（金子・租税法1063頁）。差押財産は，金銭であれば滞納国税に**充当**され（徴法56③，128①三，129②），債権であれば**取り立て**され（徴法67①），それ以外であれば，原則として，公売（入札又は競り売りの方法）又は一定の場合には随意契約により，**金銭に換えられて滞納国税に充てられる**ことになります（徴法89，94，109）。

　納税義務の成立から消滅までの流れについて，スライド「納税義務の成立・納付すべき税額の確定・納税義務の消滅」を参照してください。

Ⅲ　申告による納税義務の確定

1　申告納税方式における申告

　申告納税方式の場合に，納税者が行う申告として，例えば，次のものがあります。**納税申告書**とは，申告納税方式による国税に関する国税の法律の規定により課税標準や納付すべき税額等を記載した申告書であり，原則としてその提出の際における国税の納税地を所轄する税務署長に提出しなければなりません（通法2六，21①）。

期限内申告 （通法17）	申告納税方式による国税の納税者は，国税に関する法律の定めるところにより，納税申告書を**法定申告期限**（国税に関する法律の規定により納税申告書を提出すべき期限。通法2七）までに税務署長に提出しなければならず，この場合に提出する納税申告書のこと
期限後申告 （通法18）	期限内申告書を提出すべきであった者は，その提出期限後においても，決定処分があるまでは，納税申告書を税務署長に提出することが可能であり，この場合の納税申告書のこと
修正申告 （通法19）	納税申告書を提出した者は，先の納税申告書の提出により納付すべきものとしてこれに記載した税額に不足額があるときなど一定の場合に，更正があるまでは，その申告に係る課税標準等又税額等を修正する納税申告書を税務署長に提出することが可能であり，この場合の納税申告書のこと。また，更正・決定を受けた者が，これにより納付すべきものとして更正・決定通知書に記載された税額に不足額があるときなど一定の場合も同様

2　青色申告

　税額は基本的に**過去の事実に基づいて**計算します。申告納税制度において，第1次的に，納税者が適正に納税義務を履行するためにも，第2次的に，課税庁がその履行状況を確認等するためにも，過去の事実に関する証拠資料が必要となります。そうすると，申告納税制度が適正に機能するためには，納税者が帳簿書類を備え付け，これにすべての取引を

正確に記帳し，これを基礎として申告を行う必要があります。そこで，所得税及び法人税においては**青色申告制度**が採用されています。

　青色申告制度は，申告納税制度の下において，適正な課税を実現するために不可欠な**帳簿の正確な記帳を推進する目的で設けられたもの**です。所得税法と法人税法にほぼ同様の制度が設けられていますが，以下では所得税法を中心に説明します。

　昭和24年のシャウプ勧告において，当時の日本における不十分な記帳の状況や正しい記帳のための誘因策について，次のとおり指摘されました（シャウプ使節団・Ⅳ巻D56〜D59頁）。

　「申告納税制度の下における適正な納税者の協力は，かれが自分の所得を算定するため正確な帳簿と記録をつける場合にのみ可能であるということとは自明の理である。今日，日本における記帳は概嘆すべき状態にある。多くの営利会社では帳簿記録を全然もたない。他の会社は余り有る程沢山もっていて，その納税者のみがどれが本当のものでどれが仮面に過ぎないものかを知っている。その結果は悪循環となる。税務官吏は正確な信用すべき帳簿がないから標準率およびその他の平均額を基礎とする官庁式課税による他はないと主張する。納税者は，また，税務官吏が帳簿を信用しないから，たとえかれらがそれをやる能力があっても，正確な帳簿をつけることは意味がないという。この循環は切断しなければならない。納税者が帳簿をもち，正確に記帳し，その正確な帳簿を税のために使用するように奨励，援助するようあらゆる努力と工夫を傾注しなければならない。同様に，税務官吏がそのような正確な帳簿によって表明された報告を尊重するようにあらゆる努力と工夫を傾注しなければならない。」

中小企業や農業者に対する正確な帳簿記録を付けることの重要性等に関する教育や，記帳の模範的な様式の作成というような「教育と道具の提示だけでは恐らく不十分であろう。このような道具を納税者が利用するように積極的に奨励する報酬を与えねばならない。1つの可能性は帳簿記録をつける納税者には特別な行政上の取扱を規定することである。かくして，このような特別取扱を希望する納税者は正確な帳簿記録をつける意図があることを税務署に登録する。これらの帳簿は税務署で認可された様式を用いてつけられる。…このように帳簿記録をつけている納税者は他の納税者と区別されるように異った色の申告書を提出することを認

められる。税務署はこのような納税者がもしそのような帳簿記録をつけ，申告をこの特別用紙ですればその年の所得を実地調査しない限り，更正決定を行わないことを保証する。また，更正決定を行ったらその明確な理由を表示しなければならない。」

　これを受けて昭和25年に青色申告制度が創設されました。上記指摘によれば，正確な帳簿書類を媒介として納税者と課税庁が信頼関係を構築し，そこから申告納税制度を十分に機能させていく構図がみえてきます。

　現行所得税法においては，**不動産所得，事業所得又は山林所得を生ずべき業務を行う納税者で，適式に帳簿書類を備え付けてこれに取引を忠実に記載し，かつ，これを保存する者**について，当該納税者の申請に基づき，その者が特別の申告書（青色申告書）により申告することを税務署長が承認するものとしています。

　そして，その承認を受けた年分以後青色申告書を提出した納税者に対しては，推計課税[※1]の禁止，処分理由の付記[※2]，第3章で取り扱う範囲ですが，事業専従者給与や各種引当金・準備金の必要経費算入，純損失の繰越控除・繰戻還付，青色申告特別控除など手続法又は実体法上の種々の特典を与えています（所法70①，140①，143，156，措法10の3，25の2等）。

（※1）　もともと，所得税においては，帳簿書類等の直接資料により算出されるという意味での実額による申告や課税が原則です。税務署長は，居住者に係る所得税につき更正又は決定をする場合には，その者の財産もしくは債務の増減の状況，収入もしくは支出の状況又は生産量，販売量その他の取扱量，従業員数その他事業の規模によりその者の各年分の各種所得の金額又は損失の金額を推計して，これをすることができます（推計課税）。例えば，推計課税の場合，うどん屋の売上金額を実際の売上の記録等からではなく，小麦粉の仕入量，うどん1玉の小麦粉使用量及び客単価などから割り出したりします。このような推計課税は青色申告に係るものについてはできません。

（※2）　平成23年12月の税制改正により，税務署長は，（青色申告書に係る更正だけではなく）原則として，不利益処分等を行う場合には理由を付

記しなければならないとされました（通法74の14①，行手8，14）。

　青色申告者には，帳簿書類を備え付けてこれにその取引を記録し，かつ，当該帳簿書類を保存しなければならないという，**適式の帳簿書類の備付け等義務**が課されています[※3]。例えば，青色申告者は，資産，負債及び資本に影響を及ぼす一切の取引を正規の簿記の原則（法人税法は複式簿記の原則。法規53）に従い，整然と，かつ，明瞭に記録しなければなりません。

　また，青色申告書には，貸借対照表，損益計算書その他不動産所得，事業所得又は山林所得の金額，あるいは純損失の金額の計算に関する明細書を添附しなければなりません（所法148①，149，所規57～59）。そして，上記の帳簿書類の備付け等の義務に違反した場合，あるいは帳簿書類に取引の全部又は一部を隠蔽し又は仮装して記載し又は記録し，その他その記載又は記録をした事項の全体についてその真実性を疑うに足りる相当の理由がある場合など一定の場合には，税務署長は取消事由の生じた年まで遡って**青色申告の承認を取り消すことができます**（所法150）。遡って純損失や特別償却などを含む青色申告の特典の適用が認められなくなった場合，加算税や延滞税も含めて多額の税負担が納税者に発生することもありえます。

（※3）　青色申告以外の者で不動産所得，事業所得又は山林所得を生ずべき業務を行う者（法令に定められている用語ではありませんが**白色申告者**と呼ばれています）についても，簡易な記帳義務，記録保存義務，収支内訳書作成・添付義務，総収入金額報告書提出義務が課されており，また，**一定の雑所得を生ずべき業務を行う居住者**に対しても，収支内訳書の確定申告書への添付義務や現金預金取引等関係書類の保存義務が課されています（所法120⑥，122③，232①②，所規47の3，102等）。

　青色申告書に係る更正について，税務署長は，原則として，納税者の**帳簿書類を調査し，その調査によりその青色申告書に係る課税標準等の計算に誤りがあると認められる場合**に限り，更正できるとされています（所法155①）。納税者は正確な帳簿書類を作成する義務がある一方で，税務署長はその作成された帳簿書類をまずは信頼すべきである，きちん

と調査する義務があることになります。

Ⅳ　課税処分による納税義務の確定

　税務署長が納付すべき税額の確定を行う場合の方法として次のものがあります。

更正 （通法24）	税務署長は，**納税申告書の提出があった場合**において，その納税申告書に記載された課税標準等又は税額等の計算が国税に関する法律の規定に従っていなかったとき，その他当該課税標準等又は税額等がその調査したところと異なるときは，その調査により，当該申告書に係る課税標準等又は税額等を確定することが可能であり，この場合の課税処分のこと
決定 （通法25）	税務署長は，**納税申告書を提出する義務があると認められる者**が当該申告書を提出しなかった場合には，その調査により，納付すべき税額及び還付金の額に相当する税額が生じないときを除き，当該申告書に係る課税標準等及び税額等を確定することが可能であり，この場合の課税処分のこと
再更正 （通法26）	税務署長は，**更正・決定・再更正をした後**，その更正等した課税標準等又は税額等が過大又は過少であることを知ったときは，その調査により，当該更正等に係る課税標準等又は税額等を確定することが可能であり，この場合の課税処分のこと

　これらは，原則として，処分時における納税地の所轄税務署長が更正通知書又は決定通知書を送達して行います（通法28①，30①）。
　また，納税申告書を提出した者は，その申告書に記載した課税標準等又は税額等の計算が国税に関する法律の規定に従っていなかったこと，あるいは当該計算に誤りがあったことにより，
①　その申告書の提出により納付すべき税額が過大であるとき
②　その申告書に記載した純損失等の金額が過少であるとき
③　その申告書に記載した還付金の額に相当する税額が過少であるとき
などの場合には，その申告書に係る**国税の法定申告期限から5年**（法人税の純損失等の金額に係る更正は10年，移転価格税制に係る更正は7年，

贈与税に係る更正は6年）**以内に限り**，税務署長に対し，その申告に係
る課税標準等又は税額等につき更正をすべき旨の請求（**更正の請求**）を
することができます（通法23，相法32②，措法66の4㉖）[※]。

（※）　確定申告書の記載内容の過誤（過大申告）の是正については，錯誤無
　　効の主張が認められる特段の事情がある場合を除き，更正の請求によら
　　なければなりません（最判昭和39年10月22日民集18巻8号1762頁。**更正
　　の請求の排他性**）。

　更正の請求があった場合には，税務署長は，その請求に係る課税標準
等又は税額等について調査し，更正（減額更正）をし，又は更正をすべ
き理由がない旨をその請求者に通知します（通法23④）。法定申告期限
から5年以内に更正の請求をしなければならないという縛りを受けない
後発的事由に基づく更正の請求制度もあります（通法23②，通令6①）。
　以上について，スライド「申告納税方式による税額等の修正手続等」
で整理しています。

申告納税方式による税額等の修正手続等

スライド

申告状況等の区分			納税者が行うもの	税務署長が行うもの	
先に申告書提出**有**（通法17，18）	法定申告期限内に修正	税額等の**増加**	訂正申告（再提出）（所基通120-4）	（行政指導等）	
		税額等の**減少**			
	法定申告期限後に修正	税額等の**増加**	修正申告（通法19）	（増額）更正（通法24）	（増額・減額）再更正（通法26）
		税額等の**減少**	更正の請求（通法23）	（減額）更正（通法24）	
先に申告書提出**無**	法定申告期限後		期限後申告（通法18）	決定（通法25）	

申告は納税者，更正又は決定（課税処分）は課税庁が行うものなので混同しないようにしましょう

（出典）税務大学校『国税通則法基礎編（令和5年度版）』29頁を基に筆者作成

更正又は決定については，その更正又は決定に係る国税の**法定申告期限から5年**（法人税の繰越欠損金に関する更正は10年，偽りその他不正の行為により，税額の全部又は一部を免れ，あるいは還付を受けた国税についての更正決定等は7年）を経過した日以後においてはすることができないという**期間制限の定め**があります（通法70）。

　さらに，国税の徴収を目的とする国の権利（国税の徴収権）の消滅時効はその国税の法定納期限から，また，還付金等に係る国に対する請求権はその請求をすることができる日から，**それぞれ5年間行使しないことによって時効により消滅**します（通法72①，74①）。

第 5 章　租税法の通則②

Ⅰ　還付と充当

　税務署長等は，**還付金等（還付金又は国税に係る過誤納金）**があるときは，遅滞なく，**金銭で還付**しなければなりません（通法56①）。還付金等の性格は次のとおりです（志場ほか・通則法精解649〜652頁）。

区　分	性　　格
還付金	個人の源泉徴収税額や法人の所得税額等の還付金など，各税法の規定により，納税者に特に付与された公法上の金銭請求権
過納金	納付の時には一応適法とみられる納付であったが，その申告又は課税処分が誤って過大にされていたため，後になって課税処分の取消し等がされ，その納付が結果的にみて目的を欠くことになった場合等の国の不当利得の返還金
誤納金	確定税額を超えて納付した場合など，当初から明らかに目的を欠く納付であった場合等の国の不当利得の返還金

　税務署長等は，還付金等がある場合において，未納の国税があるときは，**還付に代えて**，還付金等をその国税に**充当**しなければなりません（通法57①）。還付金等を還付又は充当する場合には，一定の方法により計算した**還付加算金**が加算されます（通法58①）。還付加算金は還付金等に付する一種の利息です（志場ほか・通則法精解680頁）。

Ⅱ　加　算　税

　各税法に基づき課され又は納付すべき本来の国税（本税）のほかに，

国税通則法第6章の規定により，納付遅延，延納，申告の過少，無申告等の理由に基づいて本税に併せて納付すべき，又は本税に併せて徴収される国税を**附帯税**といいます（志場ほか・通則法精解139頁）。国税通則法は，国税のうち延滞税，利子税，過少申告加算税，無申告加算税，不納付加算税及び重加算税を附帯税として定めています（通法2四）。

このうち，加算税には，①申告納税方式による国税に対するものとして**過少申告加算税，無申告加算税**，②源泉徴収に係る所得税及び国際観光旅客税に係るものとして**不納付加算税**，③両方に対するものとして**重加算税**があります。その要件等については下表のとおりです（ただし，**下表の割合は原則的なものであり，ケースによって軽減や加重される場合があります。**

また，**正当な理由がある場合**や，修正申告書の提出がその国税についての調査があったことによりその国税について**更正等があるべきことを予知してされたものでなく，調査通知前に行われたものである場合**など一定の場合に加算税が賦課されない又は軽減される規定があります。通法65⑤⑥等）。

名　　称	賦課要件	加算税の額・割合（原則）
過少申告加算税（通法65）	期限内申告書を提出された場合等に修正申告書の提出又は更正があった場合	修正申告等により納付すべき税額の10%
無申告加算税（通法66）	期限後申告書の提出又は決定があった場合等	期限後申告等により納付すべき税額の15%
不納付加算税（通法67）	源泉徴収等による国税がその法定納期限（国税に関する法律の規定により国税を納付すべき期限。通法2八）までに完納されなかった場合	納税の告知に係る税額又はその法定納期限後に当該告知を受けることなく納付された税額の10%
重加算税（通法68）	過少申告加算税の規定に該当する場合において，納税者がその国税の課税標準等又は税額等の計算の基礎と	過少申告加算税に代えて35% 無申告加算税に代えて40% 不納付加算税に代えて35%

なるべき事実の全部又は一部を隠蔽し，又は仮装し[※]，その隠蔽し，又は仮装したところに基づき納税申告書を提出していたとき等

（※）　「事実を隠ぺい」するとは，事実を隠匿し又は脱漏すること，「事実を仮装」するとは，所得・財産あるいは取引上の名義を装う等事実を歪曲することをいい，いずれも行為の意味を認識しながら故意に行うことを要するものと解されています（和歌山地判昭和50年6月23日税資82号70頁）。

　例えば，過少申告加算税の趣旨等については，「過少申告による納税義務違反の事実があれば，原則としてその違反者に対し課されるものであり，これによって，当初から適法に申告し納税した納税者との間の客観的不公平の実質的な是正を図るとともに，過少申告による納税義務違反の発生を防止し，適正な申告納税の実現を図り，もって納税の実を挙げようとする行政上の措置であり，主観的責任の追及という意味での制裁的な要素は重加算税に比して少ないもの」と解されています（**最判平成18年4月20日民集60巻4号1611頁**）。重加算税の趣旨等については「納税者が過少申告をするにつき隠ぺい又は仮装という不正手段を用いていた場合に，過少申告加算税よりも重い行政上の制裁を課すことによって，悪質な納税義務違反の発生を防止し，もって申告納税制度による適正な徴税の実現を確保しようとするもの」と説明されています（**最判平成18年4月25日民集60巻4号1728頁**）。

　脱税と重加算税との関係について，例えば，所得税法は，**偽りその他不正の行為**により，所得税を免れ，又は所得税の還付を受けた者は，10年以下の懲役もしくは1千万円以下の罰金に処し，又はこれを併科するとしています（所法238①）。この場合の**偽りその他不正の行為**と重加算税の賦課要件の1つである**隠蔽又は仮装行為**は異なる概念であるものの，実際には多くの事案においては両方の要件を満たすことになります。

Ⅲ　税務調査

　申告納税方式の下でも，税務署長は，納税義務の確定等の場面におい
て補充的な役割を果たすことが予定されています。

　例えば，納税申告書の提出があった場合に，その申告書に記載された
課税標準等又は税額等の計算が国税に関する法律の規定に従っていなか
ったとき，その他当該課税標準等又は税額等がその調査したところと異
なるときは，その調査により，その申告書に係る課税標準等又は税額等
を更正することとなっています（通法24）。この場合の調査は，税務署
内に存在する資料等に基づいて行うこともありますが，納税者本人や取
引先等に質問をし，資料の提出を求め，そこで得たものに基づいて行う
こともあります。

　このように適正公平な課税を実現するために納税者本人や取引先等に
対して税務調査が行われることはめずらしくありませんが，税務調査の
根拠となるのは税務職員の**質問検査権**です。

　例えば，国税通則法74条の２第１項１号は，国税庁等（国税庁，国税
局もしくは税務署）の当該職員は，所得税に関する調査について必要が
あるときは，納税義務がある者，納税義務があると認められる者，これ
らの者に金銭・物品の給付をする義務があったと認められる者，これら
の者から金銭・物品の給付を受ける権利があったと認められる者等に質
問し，その者の事業に関する**帳簿書類その他の物件を検査**し，又はその
写しを含む当該物件の提示又は提出を求めることができるとしています。

　平成23年12月の税制改正で，納税義務者等に対する調査の事前通知，
無通知（無予告）調査，調査終了の際の手続等が整備されています（国
税通則法第７章の２）。ただし，実定法上特段の定めのない実施の細目
については，基本的には，「質問検査の必要があり，かつ，これと相手
方の私的利益との衡量において社会通念上相当な限度にとどまるかぎり，
権限ある税務職員の合理的な選択に委ねられている」（**【荒川民商事件】
最決昭和48年７月10日刑集27巻７号1205頁**）と解されます。

　例えば，調査対象である納税者との取引の内容等の確認を行うために
行われる取引先や取引銀行への調査（反面調査）を行うタイミングは，
上記の限度内で税務職員による合理的な選択に委ねられていると解され
ます。

　国税通則法第 7 章の 2 に規定されている**質問検査権に基づいて行う課
税調査**は，適正な課税を行うことを目的として実施するものであるのに
対し，同法第11章に規定されている**強制調査等の権限に基づいて行われ
る犯則事件の調査**は，脱税事件として検察官に告発して刑事訴追を求め
ることを主な目的として実施するものであり，この点が大きく異なりま
す（志場ほか・通則法精解954頁）。同章では国税通則法132条 1 項が**裁
判官の許可状（令状）を得て行う強制調査**について定めています。

　国税通則法第 7 章の 2 に規定されている質問検査権に基づく調査は，
強制力のない任意調査であるといわれることもありますが，**間接強制を
伴う調査**であるといえます。

　なぜなら，上記質問検査権の行使に係る「当該職員の質問に対して答
弁せず，若しくは偽りの答弁をし，又はこれらの規定による検査，採取，
移動の禁止若しくは封かんの実施を拒み，妨げ，若しくは忌避した者」
や「物件の提示若しくは提出又は報告の要求に対し，正当な理由がなく
これに応じず，又は偽りの記載若しくは記録をした帳簿書類その他の物
件（その写しを含む。）を提示し，若しくは提出し，若しくは偽りの報
告をした者」は，**1 年以下の懲役又は50万円以下の罰金に処する**ことと
されているからです（通法128二・三）。

　「質問検査に対しては相手方はこれを受忍すべき義務を一般的に負い，
その履行を間接的心理的に強制されているものであって，ただ，相手方
においてあえて質問検査を受忍しない場合にはそれ以上直接的物理的に
右義務の履行を強制しえないという関係を称して一般に『任意調査』と
表現されている」（前掲最決昭和48年）にすぎないのです。

　なお，国税庁は，AI（人工知能）を利用して，納税者の調査必要度や
コンプライアンスリスクを測定し，税務調査の対象者を選定するシステム
の活用を進めています。ただし，バイアス，ブラックリスト，ブラッ

クボックス等に関する問題や憲法の規定（憲13，14，31，84等）への抵触問題の存在が指摘されています（泉絢也「税務行政におけるAI（人工知能）・機械学習アルゴリズムの利用と法的問題」千葉商大論叢59巻1号49頁以下）。

Ⅳ　租税争訟

　自身になされた課税処分や徴収処分に不服がある納税者は不服を申し立てることができます。つまり，犯則事件に関する法令に基づく処分等は除かれますが，**税務署長等がした国税に関する法律に基づく処分に不服がある者は不服申立てをすることができます**（通法75①，76）。

　この場合，納税者は，①処分をした税務署長等に対する**再調査の請求**と，②国税不服審判所長[※1]に対する**審査請求**のいずれを行うかを選択できます。①を選択後，再調査の請求についての決定があった場合において，その決定を経た後の処分になお不服があるときは，その再調査の請求をした者は，国税不服審判所長に対して審査請求をすることができます（通法75③）。

　納税者は，審査請求後には裁判所に訴訟提起することが可能です。国税に関する法律に基づく処分に関する訴訟については，国税通則法を含む国税に関する法律に別段の定めがあるものを除き，行政事件訴訟法その他の一般の行政事件訴訟に関する法律の適用があります（通法114）。

　ただし，国税に関する法律に基づく処分で不服申立てをすることができるものの取消しを求める訴えは，原則として，審査請求についての裁決を経た後でなければ提起することができないという**不服申立前置主義（審査請求前置主義）**[※1]がとられています（通法115）（【図表】国税の不服申立制度の概要図）。

【図表】　国税の不服申立制度の概要図

税務署長，国税局長又は税関長が行った処分

登録免許税について登記官が行った処分，自動車重量税について国土交通大臣等が行った処分

審査請求又は再調査の請求のいずれかを選択

3か月以内

税務署長，国税局長又は税関長に対する再調査の請求

3か月を経過しても再調査決定がない場合

3か月以内

再調査の請求についての決定

3か月以内

1か月以内

国 税 不 服 審 判 所 長 に 対 す る 審 査 請 求

裁決までに要する標準的な期間は，1年です。

裁　　決

3か月を経過しても裁決がない場合

6か月以内

原 処 分 取 消 訴 訟 等 （ 地 方 裁 判 所 ）

（出典）　国税不服審判所ホームページ

の請求）と審査請求の２段階の手続を前置することが要求されていま
したが，同改正により，再調査の請求を経ることなく審査請求をする
ことができることになりました。

　なお，不服申立前置主義を採用したのは，①租税の確定と徴収に関
する処分が毎年大量に上るため，裁判所の負担能力を超える訴訟事件
の発生を防ぐためには，不服申立てによってなるべく多くの事件を解
決する必要があること，②租税事件が複雑な課税要件事実の認定を内
容とする場合が多く，多分に専門的・技術的な性格を持っているため，
まず行政段階で十分な審理を行い，争点を整理する必要があることの
２つの理由によるものです（金子・租税法1096頁）。

　ただし，無効等確認訴訟（**最判昭和48年４月26日民集27巻３号629頁**），
不当利得返還請求訴訟（**【雑所得貸倒分不当利得返還請求事件】最判昭
和49年３月８日民集28巻２号186頁**），国家賠償請求訴訟（**【冷凍倉庫固
定資産税事件】最判平成22年６月３日民集64巻４号1010頁**）といった不
服申立前置主義の縛りを受けない訴訟も存在します。

　なお，国税不服審判所は，国税庁の特別の機関として（財務省設置法
22①，行組８の３），執行機関である国税局や税務署から分離された別
個の機関として設置されています。審査請求書が提出されると，国税不
服審判所は審査請求人と原処分庁（税務署長や国税局長など）の双方の
主張を聴き，必要があれば自ら調査を行って，公正な第三者「的」立場
(※2)で審理をしたうえで，裁決を行います（通法78①，98）。

　裁決は，行政部内の最終判断であり，原処分庁は，これに不服があっ
ても訴訟を提起することはできません。国税不服審判所が，誤った判断
に基づいて原処分を取り消す場合や，原処分庁からは不服を申し立てら
れないことを考慮して原処分を取り消す判断を行うことに対して過度に
慎重になる場合を想定すると，いろいろと難しい問題はありますが，現
行制度については議論の余地があるでしょう。

　また，国税不服審判所は，一定の手続を経て，国税庁長官通達に示さ
れた法令解釈に拘束されることなく裁決を行うことができます（通法
99）。国税不服審判所は，適正かつ迅速な事件処理を通じて，納税者の

正当な権利利益の救済を図るとともに，税務行政の適正な運営の確保に資することを使命としています（国税不服審判所ホームページ）。

（※2）　税制調査会「税制簡素化についての第三次答申」(S43.7) 第2・1 ⑵は，憲法上，租税のための特別裁判所の設置が許されないことやわが国の行政，司法制度のあり方を考慮し，税務当局から完全に独立した第三者機関を設けることは適当でないとの結論に達しています。

第6章　所得税と所得概念

I　所得税の特徴

　個人が1月1日〜12月31日の1年間に稼得する経済的価値や利得である所得に対して課税する税金が所得税です。課税期間は原則として暦年です。課税の対象とされるもの（物，行為，事実）としての課税物件は，法人税と同様に，所得です。

　具体的には，個人が会社に勤務して得た給与，飲食店を経営して得た利益，預貯金により得た利子などに対して課税する税金です。現行所得税法では，所得は，多くの場合において，収入から必要経費の性質を有するものを控除するという損益法のような算式で算出されますから，それは経済活動の成果を表すものが中心となっているといってもよいでしょう。そして，稼得した所得は個人的な消費や蓄財などに充てることができます。個人所得税は，このような所得に対して，税金を負担する能力（担税力）があると考えて，税金を課しているのです。

　ただし，所得を稼得する活動のみに着目して税金を計算するのではなく，配偶者や扶養親族はいるか，医療費を支出しているかなど，担税力に影響があるような各人の諸事情を考慮したうえで，最終的な所得金額を暦年ごとに算出し，これに対して所得が高ければ高いほど税率が高くなる累進税率を適用して税額を算出しています。このようなことから，**個人所得税は垂直的公平に資する**といわれます。

　このように個人の所得に着目した税金としては，本書で取り扱う国税としての所得税があり，地方税では個人住民税があります。

Ⅱ　所得の概念──包括的所得概念

　所得税の課税対象は所得です。それでは，所得とは何でしょうか[※]。
実は，所得税法の条文の中に，所得の定義を定めているものはありませ
ん。ここでは広く経済的利得と考えておきましょう。

[※]　真の意味における所得は，財貨の利用によって得られる効用と人的役
　　務から得られる満足を意味しますが，これらの効用や満足（心理的満足）
　　を測定し定量化することは困難ですから，所得税の対象としての所得を
　　問題にする場合には，これらの効用や満足を可能にする金銭的価値で表
　　現せざるをえないと説明されます（金子・租税法194頁）。

　理論上の分析ツールとして，包括的所得概念の提唱者の１人であるサ
イモンズの個人所得の定式（Y＝C＋ΔW）がしばしば用いられます。

$$Y \ = \ C \ + \ \Delta W$$

Y：個人所得
C：消費によって行使された権利の市場価値（期中消費額）
ΔW：当該期間の期首から期末の間における財産権の蓄積の価値の変化
　　　の合計（期中純資産増加額）

　所得とは，**期末の富に期中の消費を加算し，そこから期首の富を差し
引くことによって得られた結果**にすぎないといわれます（Henry c.
Simons, Personal Income Taxation 50（1938））。これは収入後の使途と
いう観点から個人所得を捉えているとみることができます（収入すれば
何らかの使途がありますが，収入はないけど消費があると観念される場
合はどう考えるべきかという問題があります）。この意味で，収入金額
と必要経費又は取得費の差額を所得として算出させる現行所得税法とは
異なる面があります。

　Wは，財産権の蓄積すなわち資産の増分であり，資産とは，現在それ
を処分することで消費に充てることのできる最大額（将来消費の現在価
値）です（増井・入門62頁）。

もっとも，実際の所得税は，何やら所得が存在してそれ自体に課税するわけではなく，納税者に帰属した所得に対してその納税者に課税することになりますから，その税額算定においては個々の納税者の事情の影響を受けることになります。

　次に，所得概念論について説明します。各人が収入等の形で新たに「取得する」経済的価値（経済的利得）を所得と観念する考え方（**取得型所得概念**）には，**制限的所得概念（所得源泉説）**と**包括的所得概念（純資産増加説）**の２つがあります。このうち，次の理由から，**包括的所得概念**が一般的な支持を得ています（金子・租税法196頁）。

- ●一時的・偶発的・恩恵的利得であっても，利得者の担税力を増加させるものである限り，課税の対象とすることが**公平負担の要請に合致**
- ●すべての利得を課税の対象とし，累進税率の適用の下に置くことが，**所得税の再分配機能を向上**
- ●所得の範囲を広く構成することによって，所得税制度の持つ**景気調整機能が増大**

　制限的所得概念と包括的所得概念の意義，現行所得税法も包括的所得概念を採用していると考えられていること[※]，包括的所得概念を採用することの帰結を含めて，スライド「包括的所得概念」を確認してください。

[※]　昭和38年整備答申５頁は，課税所得の意義に関して，次のように説明しています。

> 「所得税及び法人税における所得概念については，個別経済に即した担税力を測定する見地からみて，基本的には，現行税法に表われているいわゆる純資産増加説（一定期間における純資産の増加—家計費等所得の処分の性質を有するものによる財産減少は考慮しない—を所得と観念する説）の考え方に立ち，資産，事業及び勤労から生ずる経常的な所得のほか，定型的な所得源泉によらない一時の所得も課税所得に含める立場をとるのが適当であると考えられる。」

包括的所得概念

所得税法は、包括的所得概念を採用していることを明記していないが次の点に注目
- 一時的・偶発的利得を課税の対象（譲渡・山林・一時所得）
- 他の9種類の所得に含まれない所得をすべて雑所得として課税の対象　など

現行法は包括的所得概念を採用

①制限的所得概念(所得源泉説)

- 経済的利得のうち、利子・配当・地代・利潤・給与等、**反復的・継続的に生ずる利得のみを所得**として観念する考え方
- **一時的・偶発的・恩恵的利得を所得の範囲から除外**

②包括的所得概念(純資産増加説)

- **人が収入等の形で新たに取得する経済的利得をすべて所得**と観念する考え方
- 反復的・継続的利得のみでなく**一時的・偶発的・恩恵的利得も所得**に包含

包括的所得概念を採用することの帰結

1. 所得はいかなる源泉から生じたものであるかを問わず課税の対象（非課税規定があれば別）
2. 現金の形をとった利得のみでなく、現物給付・債務免除益・為替差益等の経済的利益も課税の対象
3. 合法な利得のみでなく、不法な利得も課税の対象。不法な利得は、利得者がそれを私法上有効に保有しうる場合のみでなく、私法上無効であっても、それが現実に利得者の管理支配の下に入っている場合には、課税の対象

（出典）金子・租税法196〜197頁を基に筆者作成

　現行所得税法は，課税所得を基本的に「全ての所得」としつつも（所法7①一），所得を計算する際のスタートラインとして収入金額を採用しています。収入金額から必要経費の性質を有するものを控除して所得金額を算出し，その後，配偶者控除や扶養控除など各種の所得控除を適用した後の課税所得金額に税率を乗じて所得税額を算出するように定めています。

　イメージとしては，まず，フラスコをひっくり返したような容器に，継続的・安定的な収入，一時的・偶発的な収入，合法・不法の行為から生じる収入(※)などさまざまな収入が入れられることにより，一定の範囲で所得の包括性が確保されています（スライド「実定法上の所得計算」）。

(※)　少なくとも政令レベルには，**無効な行為により生じた経済的成果についてもいったんは所得として課税の対象とすることを前提としている**ことを示す規定があります（所法51②，152，所令141三，274）。

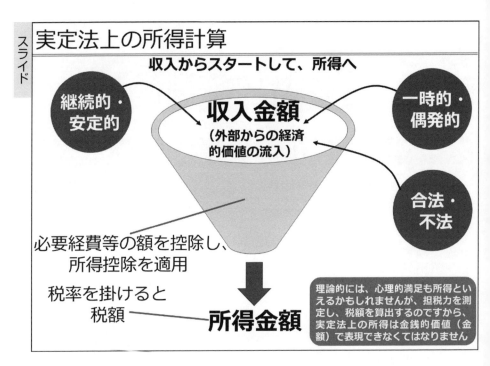

実定法上の所得計算

収入からスタートして、所得へ

継続的・安定的

一時的・偶発的

収入金額

（外部からの経済的価値の流入）

合法・不法

必要経費等の額を控除し、所得控除を適用

税率を掛けると税額

所得金額

理論的には、心理的満足も所得といえるかもしれませんが、担税力を測定し、税額を算出するのですから、実定法上の所得は金銭的価値（金額）で表現できなくてはなりません

　所得税法が，所得をその性質に応じて10種類に分類していることの中に，制限的所得概念（所得源泉説）の名残りを見出すことも不可能ではないかもしれませんが，これはあまりに皮相的な理解であると解されています。

　制限的所得概念の核心は，所得をその源泉ないし性質に応じて分類するという形式にあるのではなく，所得の範囲を継続的源泉からの利得ないしは継続的・反覆的な利得に限定すること，つまり所得概念を制限的に構成するという実質にあると考えるべきだからです（金子宏「租税法における所得概念の構成」同『所得概念の研究』（有斐閣，1995）49頁）。

　なお，次にみる帰属所得と未実現利得との関係では，実定法上は包括的所得概念の理想を貫徹していないことを確認しておきましょう。

Ⅲ 未実現利得

　包括的所得概念によると，**未実現の利得，つまり個人が保有する資産の値上がり益（保有資産の価値の増加益，キャピタルゲイン）も所得であると考えられます。**ただし，このような未実現の利得については，**時価評価及び納税資金の用意が困難**という実際上の問題があるため，所得税法は，**所得が実現した時点において初めて課税するという意味における実現原則**を採用しています（増井・入門118頁）。

　個人の保有するあらゆる資産を毎年正確に時価評価して，適正に評価損益を把握し，課税することは，納税者及び課税庁双方にとって現実的ではないことは直感的にわかると思います。逆に，資産の評価損が発生している場合に，ただちにその損失相当額の課税所得を減らすことはどうでしょうか。例えば，事業用の店舗のみに利用している不動産の評価が下がったとしても，通常，そのような固定資産は売却を予定していないわけですから，**評価損の発生によってただちに課税所得減殺要因とすることは疑問に思う方もいるでしょう。**

　所得税法は，いずれの所得についてもその金額を（総）収入金額として計算することを定めるとともに，「その年において収入すべき金額」を各種所得の（総）収入金額としています（所法23〜35，36）。異論がないわけではないですが，ここでいう**収入とは，経済的価値の外部からの流入**を意味すると解されています（金子宏「租税法における所得概念の構成」同『所得概念の研究』（有斐閣，1995)74頁，増井・入門119頁）。同法は，**原則として，**収入という形態において実現した利得のみを課税の対象とし，**未実現の利得を課税の対象から除外**してることになります（金子・同論文74頁）。

　実現という語は，上記のように実現した利得のみに課税し，未実現の利得には課税しないという文脈で用いられるほか，収入が実現したときに計上するという所得（収入）の年度帰属の基準の文脈で用いられる場合もあります。実現の意義については「金銭その他の換価可能な経済的

価値の，外部からの流入」（谷口・講義214頁），「発生している所得が別のもの（または具体的な何か）に形を変えて所得の大きさを計れるようになること」（佐藤・所得税18頁）など，さまざまな見解があり，「現実に収入する」という意味で使用される場合もあります。

　未実現利得に課税しないことは包括的所得概念の理想からの乖離を意味します。包括的所得概念こそが唯一の絶対的規範であるかという議論はおくとしても，そのような乖離は納税者間の税負担の公平性の問題を招来します。

　時価評価が容易であるなど未実現利得に課税することに障害が少ない場合や，課税を見送ると税負担の公平性という観点から著しく問題がある場合については，未実現利得に対する課税を認めることでそのような問題を緩和できるでしょう。

　包括的所得概念自体は未実現利得への課税を禁止していないことからすると，憲法の規定に反しない限りにおいて，**所得税法36条の別段の定めを設けることで，未実現利得を課税の対象とすることは可能です**（次の帰属所得も同じ）。所得税法の中に存在する未実現利得に対する課税規定の例として，みなし譲渡について定める所得税法59条1項，同項のように譲渡とみなすものではありませんが，「たな卸資産」等の贈与に係る所得税法40条1項があります。

Ⅳ　帰属所得

　自分で自宅にあるエアコンを掃除した場合の業者に依頼したとするならば発生するであろう代金相当額の利益，賃貸ではなく，持ち家に住んでいる場合の家賃相当額の利益などのような自己の労働や自己所有の資産の利用ないし消費からも所得，とりわけ**帰属所得**（インピューテッドインカム）が生じていると観念されています。

　帰属所得とは，一般的には，**自己の労働や所有資産の利用から生じ，市場を経ないで自己に直接帰属する所得**と定義されます。**収入という形**

をとらないので実感しにくいのですが，**帰属所得の本質は消費**であり，包括的所得概念の下で所得の一部となります。包括的所得概念は所得の定義として**各人が収入「等」の形で新たに得た経済的利得**としているのはこのような事情が背景にあります。帰属所得は，その性質上，消費はしたが，対価を支払う余地はないものともいわれます（佐藤・所得税11〜13頁）。

　このように，帰属所得の場合は，所得は発生すると同時に消費され，所得の存在が認識されにくいものの，論理的には，消費をするためには，その前提として所得を獲得しなければならない（所得なくして消費なし），つまり消費の前提あるいは背後には，所得すなわち担税力の増加があると指摘されています（谷口・講義217〜218頁）。

　このように帰属所得も包括的所得概念の下で所得を構成することになりますが，現行所得税法は，**原則として帰属所得に課税していません**。所得税法は所得算定の出発点を収入金額に据えていますが，帰属所得には収入を観念できないため，**実定法上は所得計算過程に投入されないの**です[※]。

（※）　この点は，昭和40年の所得税法全文改正の際に，経済的な利益も収入金額に含まれ，その場合には利益を享受する時の価額で収入金額を計上することを明確にし，これによって給与所得者が雇用者から受けるフリンジベネフィット（現物給与）などの利益については時価で収入金額に計上することが法文上明らかになったが，この場合の収入金額に含まれる利益は，他から収入するものに限られているので，自家賃等の帰属所得は含まれないと説明されています（昭和40年改正解説27〜28頁）。

　　例えば，雇用主から支給される社宅・食事・記念品などがフリンジベネフィットに当たりますが，その中には，雇用主の都合で支給又は消費されるもの，受給者の心理的満足を得られないもの，経済的利益の評価が難しいもの，経済的な利益が少額であるもの，実費弁償的な性格のものなどが混在しており，理論上又は執行ないし政策上，課税すべきでないといえるようなものも存在します。現行法は給与所得を有する者がその使用者から受ける金銭以外の物（経済的な利益を含む。）でその職務の性質上欠くことのできないものなどを非課税としているほか（所法9①六，所令21），国税庁の通達等で課税しない経済的な利益等を定めていま

す（所基通36－21〜36－50）。

　他方，例えば，所得税法39条《たな卸資産等の自家消費の場合の総収入金額算入》[※]や41条１項《農産物の収穫の場合の総収入金額算入》は帰属所得に対して課税する規定であると解されています。もっとも，いずれの規定も，「時価で」「収入があった」ものと「みなす」ような規定ぶりにはなっていませんし，所得稼得活動に関わるものを対象にしていることと役務提供は対象にしていないことに注意しましょう。

（※）　八百屋を営んでいる者が商品の野菜を自宅で調理して，家族で食べることを思い浮かべるとよいでしょう。このような自家消費に課税しないことが公平性の観点から問題があることは直感的にわかると思います。単に消費したから収入となるという考え方だけではなく，その前の販売も観念されているようです。昭和38年整備答申６頁は，「在庫品の自家消費については，単に消費財を市価より低廉で購入したのとは違って，それがもともと販売商品として保有していたものであるから，その商品を販売してこれと同種商品を購入して消費したという立場で考えるのが妥当である」という見解を示しています（**大阪地判昭和50年４月22日税資81号277頁**も参照）。

　いずれにしても，現行法は，帰属所得を原則として非課税としているのです。その理由について，次の点を挙げることができます（佐藤・所得税13頁，昭和38年整備答申６頁）。

---

① 所得について収入を基礎として考える考え方と合わない。
② 範囲が広範になる可能性があるなど，範囲が不明確である。
③ 把握・評価が困難であり，税務行政上の執行可能性も乏しい。
④ 多くは非常に少額で，かつ，低所得者層に集中しているため，課税対象外としても公平負担の問題が起きにくい。

　結局，**帰属所得を論じる意義**は，みえない所得をあぶり出して，どうにかしてそれに課税しようとする点にあるのではなく，「ここにはこういう帰属所得があると考えられるがそれが課税されていない」という状況を議論の素材として，**目にみえない所得を含めた所得税の公平負担を論じる点**，いわば議論のためのツールにあるといわれています（佐藤・

所得税14頁）。なお，帰属所得が課税の公平性に影響を与える場合，帰属所得に課税されていない選択肢を提供することで個人の選択を歪めるという意味で**中立性の問題**にもつながります。

消費はする（よって所得を増加させる）が，
所得税法36条の収入はない帰属所得の問題

$$個人所得 = \boxed{\begin{array}{c}期　中\\消費額\end{array}} + \boxed{\begin{array}{c}期中純資\\産増減額\end{array}}$$

所得税法36条の収入を観念できないと，実定法上は所得を構成しない

資産が値上がりして純資産が増加している（よって所得を増加させる）が所得税法36条の収入はない**未実現利得の問題**

V　非課税所得

1　概　要

　所得があれば原則として課税されますが，法令上，非課税又は免税とされており，所得ないし収入が観念されるとしても，所得税を課さないこととされているものがあります。

　非課税所得は，原則として**申告等の手続を要しないで非課税**とされ，**税法上も当然に課税対象から除外**されているのに対し，免税所得は，税法上の所得は構成するが，納税者の要望により**申告・申請等一定の手続により，その所得に対応する税額が免除**されるものをいい，政策上の観点から設けられているものが多く，主として租税特別措置法で規定されています（岩﨑政明＝平野嘉秋編『税法用語辞典〔10訂版〕』（大蔵財務協会，2022）1038頁）。免税所得の例として，肉用牛の売却による農業所得の課税の特例（措法25）があります。

　非課税所得の中には，理論上所得とはいいがたいもの，担税力が乏しいもの，社会政策的見地から課税すべきでないもの，二重課税を排除すべきものなどが含まれています。非課税所得の例として，次にみる損害賠償金等や**第14章Ⅳ**の生活用動産の譲渡による所得のほか，次のような

ものがあります（ただし，それぞれ，より細かい要件が付されています）。

- 死亡した者の勤務に基づいて支給される遺族が受ける恩給及び年金（所法9①三）
- 給与所得者の出張旅費・日当・通勤手当，国外勤務者の在勤手当，給与所得者が受ける職務上必要な金銭以外の物や経済的利益（制服や食料など），外国政府職員等の給与（所法9①四～八）
- 強制換価手続等による資産の譲渡に係る所得（所法9①十）
- 学資に充てるため給付される金品及び扶養義務者相互間において扶養義務を履行するため給付される金品（所法9①十五）
- ノーベル基金からノーベル賞として交付される金品（所法9①十三ホ）
- JOC等から交付されるオリンピック・パラリンピック報奨金（所法9①十四）
- 生活保護法による保護金品（生活保護法57），児童手当（児童手当法16）
- 宝くじの当せん金（当せん金付証票法13），スポーツくじ（totoやBig）の当せん金（スポーツ振興投票の実施等に関する法律16）
- NISAの所得（非課税口座内の少額上場株式等に係る配当所得，非課税口座内の少額上場株式等に係る譲渡所得等）（措法9の8，37の14）

2　損害賠償金等

　保険金や損害賠償金は，損害の回復であってそもそも所得ではないと説明されます（金子・租税法199頁）。包括的所得概念を前提にするとしても，損害の回復であれば純資産は増加しないため所得ではないという説明は，少なくとも物的損害を想定すると得心がいくでしょう。この点に関する現行の税制の背後には，国民感情や被害者への配慮，常識論といった価値判断も存在します（税制調査会答申別冊「答申の審議の内容と経過の説明」554～558頁（S36.12））。

　現行所得税法上，次の保険金や損害賠償金等については（一応，所得ないし収入に含まれることを前提としたうえでといってよいでしょうが）非課税としています（所法9①十八，所令30）（スライド「保険

金・損害賠償金等の取扱い」）。

> ①　身体の障害に基因して支払いを受ける保険金や心身に加えられた損害について支払いを受ける慰謝料その他の損害賠償金（その損害に基因して勤務又は業務に従事することができなかったことによる給与又は収益の補償として受けるものを含みます）
>
> ②　資産の損害に基因して支払いを受ける保険金や不法行為その他突発的な事故により資産に加えられた損害につき支払いを受ける損害賠償金（所得税法施行令94条の規定に該当するものを除きます）
>
> ③　心身又は資産に加えられた損害につき支払いを受ける相当の見舞金（所得税法施行令94条の規定に該当するものその他役務の対価たる性質を有するものを除きます）

保険金・損害賠償金等の取扱い

スライド

	取得原因		課税関係	具体例
身体の障害・心身に加えられた損害に基因して取得するもの ・傷害を受けた者の配偶者等が受ける保険金等にも適用（所基通9-20） ・疾病により重度障害の状態になった場合の保険金等も該当（所基通9-21）	給与又は収益の補填		非課税 (所令30一、所基通9-22)	給与又は事業の収益の補償として受ける保険金、休業補償金
	損害保険契約に基づく保険金、慰謝料その他精神的補償料等		非課税 (所令30一)	保険金、示談金、慰謝料
	相当の見舞金（所令94に規定するものその他役務の対価たる性質を有するものを除く）		非課税 (所令30三、所基通9-1、9-23)	葬祭料、香典、病気見舞金（勤務先から支払われる危険手当等を除く）
資産に加えられた損害に基因して取得するもの	棚卸資産等	保険金、損害賠償金等	課税 (所令94①一)	棚卸資産の火災保険金、特許権の侵害による補償金
	店舗、車両等の固定資産	業務の休止・廃止等による収益の補償	課税 (所令94①二)	復旧期間中の休業補償金（販売機の破損等）
		資産そのものの損害の補償　補償を約したもの	課税 (所令95)	収用等により漁業権、水利権等が消滅することにより受けるもの
		資産そのものの損害の補償　損害保険契約に基づく保険金、不法行為その他突発的な事故による損害賠償金	非課税 (所令30二)	店舗の損害により受ける損害賠償金、火災保険金
		相当の見舞金（所令94に規定するものその他役務の対価たる性質を有するものを除く）	非課税 (所令30三、所基通9-23)	災害見舞金、類焼見舞金、
必要経費に算入される金額を補填するために受ける損害賠償金等			課税 (所令30柱書括弧書)	休業中の従業員の給料、一時借りした仮店舗の賃借料

（出典）税務大学校『所得税法基礎編（令和5年度版）』6頁を基に筆者作成

　　注意すべきことに，個人が損害賠償金や補償金などの名目で取得する金員の性格は種々想定され，場合によっては複合的な性格を有するものも存在します。名目上，当事者間で損害を賠償するために支払うものと

明確に合意されて支払われた金員であっても，**損害や傷害が客観的に存在しなければ**（【マンション建設承諾料事件】大阪地判昭和54年５月31日行集30巻５号1077頁），そして，これらに基因するようなものでなければ，非課税の対象とはなりません。

　損害が客観的に存在したとしても非課税になる支払金の範囲は当事者が合意して支払った金額の全額ではなく，**客観的に発生し又は発生が見込まれる損害の限度に限られる**としなければならないという見解もあります（上記大阪地判）。ただし，資産に損害が加えられ，その損害につき取得する損害賠償金がその資産の帳簿価額を上回る場合であっても，少なくともその損害直前の時価の範囲であれば，その上回る部分も含めて非課税となります。

　また，所得税法施行令30条柱書は，その括弧書において，損害を受けた者の各種所得の金額の計算上，従業員給料など必要経費に算入される金額を補塡するための金額は，**非課税と必要経費という二重利益を認めることは妥当でないため**（米山鈞一「所得税法の改正について」税務弘報10巻６号22頁），非課税の対象から除かれています。

　さらに，所得税法施行令94条１項は，不動産所得，事業所得，山林所得又は雑所得を生ずべき業務を行う居住者が受ける次の❶又は❷に該当するもので，その業務の遂行により生ずべき**これらの所得に係る収入金額に代わる性質を有するものはこれらの所得に係る収入金額とする**旨を定めています（「収入金額に代わるもの」ではなく，収入金額に代わる「性質」を有するものであれば足りるため，射程はやや広いといえます）。

❶　その業務に係る「たな卸資産」や著作権等に損失を受けたことにより取得する保険金，損害賠償金，見舞金その他これらに類するもの	❷　当該業務の全部又は一部の休止，転換又は廃止その他の事由により当該業務の収益の補償として取得する補償金その他これに類するもの

　この所得税法施行令94条１項の適用があるものは，上記②と③の非課税の対象となるものから除かれることになります。

　他方，上記①については，収益の補償として受けるものであってもそれが心身に加えられた損害（人的損害）につき支払いを受けるものであれば，**非課税**とされています。上記②は資産に加えられた損害（物的損害），③は損害との結びつきが薄く，儀礼的な性格のものが対象となっていることを考慮すれば，それぞれ取扱いに差異を設けることにも合理性があるといえるでしょう。

　もちろん，資産であっても，所得税法施行令94条1項の適用対象外の資産，例えば，**業務用の固定資産や非業務用の資産（生活用資産）**について損失を受けたことにより取得する損害賠償金等は，非課税の対象から外されていません。

　このように，同項は，同令30条と併せて読むと，**非課税所得の対象外となるものを定める規定としての側面**を垣間みせます。

　他方，制定時の立案担当者の説明（長村輝彦「所得税法の一部改正について」国税速報1182号36頁），規定の見出し・位置づけ，みなし規定ではないことを考慮すると，同項について，保険金や損害賠償金などのように，その取得した場合の所得分類が明らかではないものについて，その所得分類を明確にするものであり，**所得に付随する収入金額を当該所得に係る収入金額に含めるかどうかという論点とも関わる法律効果を定めるものとしての側面**が照らし出されます。

所令94	非課税所得の対象外となるものを定める規定としての側面
	所得分類を明確にし，所得に付随する収入金額を当該所得に係る収入金額に含めるかどうかという論点とも関わる法律効果を定める規定としての側面

　この所得税法施行令94条1項が対象とする4種類の所得（不動産所得，事業所得，山林所得，雑所得）以外の所得である譲渡所得については，同令95条が別途定めを設けています。流水の減少により鮎，鮭等が遡上しないこととなり，漁業権の価値が減少したような場合におけるその漁

業権の価値の減少損に対する損害賠償については，その漁業権の価値の減少が突発的な事故により生じ，あらかじめ補償が約されていないような場合に生じたものであるときは，同令30条2号の規定に該当して非課税となりますが，その価値の減少がダムの建設等によるものであって，あらかじめ補償が約されているような場合に生じたものであるときは，同令95条の規定に該当して，譲渡所得の収入金額とされ，課税の対象となると考えられています（泉美之松『所得税法の読み方〔増補版〕』（東京教育情報センター，1985）148頁）。

第7章　所得税の納税義務者，課税所得の範囲

I　納税義務者，課税所得の範囲

　　所得税は，原則として，個人がその年に得た所得に対して課される税金です。通常は，その年の翌年2月16日から3月15日までに確定申告をして税額等を確定することになります。所得税の納税義務者と課税所得の範囲はスライド「納税義務者と課税所得の範囲」のとおりです（所法2①三〜八，5，7，95④，120，161等）。

	納税義務者の区分	納税義務者の定義	課税所得の範囲	課税方法
居住者	非永住者以外の居住者	国内に住所を有し，又は現在まで引き続いて1年以上居所を有する個人	国内外で生じたすべての所得	申告納税又は源泉徴収
	非永住者	居住者のうち，日本国籍を有しておらず，かつ，過去10年以内に国内に住所又は居所を有していた期間の合計が5年以下である個人　　日本に住所等を有しておらず，つながりの度合いが小さい（人的つながりがない）ため，日本国としては日本に源泉がある所得のみに課税	①国外源泉所得（一定の国外にある有価証券の譲渡による所得を含む）以外の所得と②国外源泉所得のうち国内で支払われたもの又は国外から送金されたもの	
非居住者		居住者以外の個人	国内源泉所得	
内国法人		国内に本店又は主たる事務所を有する法人	国内において支払われる所得税法174条各号の利子等，配当等，給付補塡金，利息，利益，差益，利益の分配及び賞金	源泉徴収
外国法人		内国法人以外の法人　　非居住者と同様，つながりの度合いが小さい（人的つながりがない）ため，日本国としては日本に源泉がある所得（法人にも発生するもの）のみに課税	所得税法161条1項の国内源泉所得のうち同項4〜11号まで及び13〜16号までに掲げるもの	
人格のない社団等		法人でない社団又は財団で代表者又は管理人の定めがあるもの　　PTA、同窓会、サークル、同業者団体、マンション管理組合等	法人とみなして所得税法適用	

多くの読者は、日本においてすべての所得（全世界所得）の課税に服する

　　上記のほか，所得税法には源泉徴収義務者の定めがあります。つまり，一定の給与等その他の支払いをする者に対して，その支払いに係る金額

につき源泉徴収をする義務を課す規定があります（所法6）。

Ⅱ　住所と居所

　前記のとおり，課税所得の範囲を決定する場合に，**住所や居所の所在が重要です**。所得税法に住所や居所の定義はありませんが，住所とは，民法からの借用概念であり，**各人の生活の本拠**（民22），すなわち，その者の生活に最も関係の深い一般的生活，全生活の中心を指すものであり，一定の場所がある者の住所であるか否かは，**客観的に生活の本拠たる実体を具備しているか否かにより決すべきもの**と解されています。

　また，その具体的な判断にあたっては，その者の滞在日数，住居，生計を一にする配偶者その他の親族の居所，職業，資産の所在等の事情を総合的に考慮すべきであると解されています（**東京高判令和元年11月27日税資269号順号13345，東京地判令和3年11月25日税資271順号13634。【武富士事件】最判平成23年2月18日集民236号71頁も参照**）。

　住所については，職業・国籍・親族・資産の有無その他の状況等に着目して**推定する規定**も用意されていますが（所法3②，所令14，15），推定にすぎないのですから反証する余地は残ります。また，推定規定は，国内に住所を有するとすべきか否かが明確でない個人について適用される規定であって，国内又は国外に住所を有することが明らかな個人についてまで適用する必要のないものであると解されています（**大阪高判昭和61年9月25日訟月33巻5号1297頁，仙台高判平成23年4月13日税資261号順号11667**）。よって，あまり使い勝手はよくありません。

　居所も民法上の居所と同義に解されており，人が多少の期間継続して居住してはいるが，土地との密着度が生活の本拠といえる程度に達していない場所とか（**東京地判平成22年2月12日税資260号順号11378**），居所といいうるためには一時的に居住するだけでは足りず，生活の本拠という程度には至らないものの，個人が相当期間ないしある程度の期間継続して居住する場所をいうと解されています（**神戸地判平成14年10月7**

日税資252号順号9208，名古屋地判令和2年12月10日税資270号順号13494）。

　なお，租税条約では，日本と異なる規定を置いている国との間における二重課税を防止するため，いずれの国の居住者になるかの判定方法を定めているため，場合によっては各条約の内容も確認する必要があります。

Ⅲ　課税単位

　世帯構成と税負担のあり方に関連する事柄として，課税対象となる所得を，所得を有する個人単位で捉えるのか，消費単位（夫婦や世帯）で捉えるのかという**課税単位**の問題があります。**累進税率を採用する所得税では課税単位をどのように捉えるかによって個人ないし世帯の負担する税額が大きく変わる可能性があります。**

　わが国では夫婦別産制の下，個人単位課税が行われていますが，各国における課税単位のあり方をみると，財産制度（夫婦別産制，夫婦共有財産制）など関連する社会制度等に応じてさまざまな仕組みが採用されています。夫婦や子育てについて税制面でどのような配慮を行うかという観点からは，課税単位の問題も念頭に置く必要があります。課税単位は所得控除（人的控除）にも関係します。

　わが国の個人所得課税においては，課税単位を「個人」としたうえで，家族構成など個々人の生活上の事情を納税者の担税力の減殺要因とみて，さまざまな人的控除を設定しています（個人論点整理7頁）。そして，人的控除（第8章Ⅴ）等の規定においては，「生計を一にする」という厳密な個人単位主義とは少し異なる消費単位主義的な発想がしばしば用いられています（佐藤・所得税40頁）。

　所得をどのような単位で算定するか課税単位の論点について，わが国でも，世帯の構成員が稼得した所得を合算した額をその構成員の人数（Ｎ）で割ることで1人当たりの所得を算出し，税率を乗じて1人当た

りの税額を算出し，最後に上記人数（N）を乗じるN分N乗方式が，「個人単位課税＋人的控除」制度との比較で俎上に載せられることがあります。

　課税単位の問題は，独身，共働き夫婦，片働き夫婦，核家族，大家族など家族構造，婚姻・就労の有無などそれぞれの事情に応じた納税者間・世帯間の公平性（ここでは，例えば，家事労働は帰属所得に含まれること及び現行法はこれに課税されていないことなども議論の対象となります），これらに対する納税者の選択に対する中立性，税制の簡易性を考慮する必要があります。場合によっては国民の家族観や種々の公的・私的諸制度に影響を与える可能性も否めません。また，課税の都合や観点のみから課税単位制度を構築しても，国民がそれを自然に受け入れることができるかという問題もあります。

Ⅳ　所得の人的帰属

1　実質所得者課税の原則

　所得税の納税義務者は基本的に個人であり，個人から離れて存在する所得なるものに課税しているわけではありません。この点で，**所得と納税義務者との結びつき**を観念することができます。所得が**人的に帰属した者**が所得税の納税義務者となります。

　例えば，Aのあずかり知らないところでBがAの名義を借用して取引を行い，利益を得ていた場合に，通常，Aには所得が帰属していないのですから，課税庁がAに所得が帰属しているとして課税処分を行うことは妥当ではないことはすぐに理解できるでしょう。このように所得の帰属の判断を誤り，これに基づいてその所得が帰属していない者に課税を行った場合，課税要件の根幹についての重大な過誤があるとしてその処分は無効になりえます（**最判昭和48年4月26日民集27巻3号629頁**）。

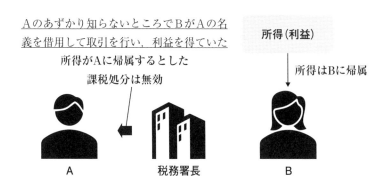

Aのあずかり知らないところでBがAの名
義を借用して取引を行い，利益を得ていた

所得がAに帰属するとした

課税処分は無効

所得（利益）

所得はBに帰属

A　　　　　税務署長　　　　　B

　このように所得の帰属は重要な論点になりますが，所得税法が用意し
ている条文の内容は必ずしも明快なものではありません。

◆所得税法

（実質所得者課税の原則）

12条　資産又は事業から生ずる収益の法律上帰属するとみられる者が単
　　なる名義人であって，その収益を享受せず，その者以外の者がその収
　　益を享受する場合には，その収益は，これを享受する者に帰属するも
　　のとして，この法律の規定を適用する。

　所得税法12条は，実質所得者課税の原則という見出しの下で，所得の
帰属に関して「名義人」のほかに「収益を享受する者（真の所得者）」
がある場合に，その所得に対する所得税は「真の所得者」に対して課す
べき旨を定めていると説明されます。

　このような同条の内容は，一般に，税法に内在する条理であって，同
条は単にその宣言的規定にすぎないと説かれ，そのような趣旨を述べた
判決も少なくありません（**最判昭和37年6月29日集刑143号247頁，最判
昭和39年6月30日集刑151号547頁**）（注解所得税法研究会・注解166〜
167頁）。

　もっとも同条の文言は曖昧であり，次のとおり，同条の解釈として大
別して2つの見解があります（注解所得税法研究会・注解166〜169頁）
（スライド「所得の帰属」）。

所得の帰属

私法上の帰属に依拠：形式（外観）vs 実質　　　　法律的帰属vs 経済的帰属（事実上の帰属・享受）

名称	法律的帰属説 （法的実質主義）	経済的帰属説 （経済的実質主義）
内容	・ 所得の法律上の帰属について、その外観（形式）と実質とが相違している場合に、その実質に即して帰属を決めるべきであるという趣旨に所得税法12条の規定を理解する立場 ・ 所得税法12条の「単なる名義人」は文字どおり「名義人」、「収益を享受する者」は「法律上の権利者」を意味すると解釈	・ 所得の法律上の帰属と経済上の帰属とが相違する場合に、経済上の帰属に即して所得の帰属を決定すべきことを定めた趣旨と解する立場 ・ 「単なる名義人」は収益を享受しないが、収益の「法律上の権利者」であり、その反面、「収益を享受する者」は実際上収益を享受するが、「法律上の権利者」ではないと理解
問題	・ 所得税法12条に「法律上帰属するとみられる者」とあるのに、「単なる名義人」＝「法律上の非権利者」と理解 ・ 「法律上の権利者」は必ずしも「収益を享受する者」と限らないのに、両者を同一に理解 ・ 租税法上の所得の帰属をいわば私法上の法律秩序に即して考える限り、法律上、至極当然で、ことさら租税法上の「実質主義」などと称することもない	・ 「法律上帰属するとみられる者」であり、「単なる名義人」である者を「法律上の権利者」とみる点で文理上すっきりしない ・ 「収益を享受する者」を法律上の権利の所在から離れて、事実上の状態として捉える立場に立っているが、通常、収益の享受は法律関係の裏づけを伴っており、法律上の権利なくして収益を享受する場合とは、例えば、違法に所得を得た場合など限られた場合にとどまるのではないか ・ そもそも法律上の関係を離れて、収益の享受の事実をどのような基準で捉えるかが問題で、その認定いかんによって納税者の地位が不安定なものとなり、反面、税務執行上その公平な運用を期し難いおそれがある

（出典）注解所得税法研究会・注解166-169頁を基に筆者作成

　　租税負担の公平を担保するために，所得課税においては所得を担税力の指標として課税関係を整理することとなるのですから，真に所得を有する者に課税がなされる必要があり，担税力が認められない単なる名義人に対して課税をすべきではなく，**実質的に担税力を有すると認められる者に対して課税がなされなければならない**ことになります。そして，経験則からすれば，多くの場合は，形式と実質は異ならず，**通常その名義人に所得が帰属する**といえるでしょう（酒井・租税法と私法12頁）（なお，暗号資産取引による利益が納税者だけではなく共同出資者である母にも帰属するかが争われた事案について，泉＝藤本・事例100～103頁参照）。

　　名義人が所得（収益）を享受していない場合にはその理由や事情を検討する必要があります。他方，その享受者に対して所得課税が及ぶのは当然であるとしても，その享受者の前に他の享受者が存在するかどうかも検討しなければならないケースもあります。

　また，所得税法12条の規範について，条文に明記されていない資産や負債にまでは及ばないとしても，同じく明記されていない費用や損失にも及ぶという見解が示されています（酒井・租税法と私法15～18頁）。さらに，違法な行為から生じる所得の場合は法律的帰属説で説明することができるかが問われます。

　上記の所得税法12条の類似規定として，法人税法11条[※1]や消費税法13条[※2]などがあります。

[※1]　参考として，**【双輝汽船事件】最判平成19年9月28日民集61巻6号2486頁**の古田佑紀裁判官の補足意見は，次のとおり述べています。

> 「法人は，法律により，損益の帰属すべき主体として設立が認められるものであり，その事業として行われた活動に係る損益は，特殊な事情がない限り，法律上その法人に帰属するものと認めるべきものであって，そのことは，ある法人が，経営上は実質的に他の法人の事業部門であるような場合であっても変わるものではない。」

[※2]　資産の譲渡等又は特定仕入れを行った者の実質判定について定める消費税法13条1項について，立案担当者は「資産の譲渡等を行った者がだれであるかは，その名義又は形式と実質とが異なる場合には，これを経済的，実質的に観察して事実上対価を享受する者が行ったものとされます」として，**経済的・実質的に観察する規定**であると解説しています（国税庁『昭和63年　改正税法のすべて』（国税庁，1988）269頁）。同項に関して，旅館を経営していた内国法人である原告の従業員らが関係業者からいわゆるリベートとして受領していた手数料が原告と従業員Aらのいずれに帰属するかが争われた事件において，**仙台地判平成24年2月29日税資262号順号11897**は，次のとおり判示して，本件手数料に係る収益は原告に帰属するものとは認められないと判断しています。

> 「収益の帰属について，法人税法11条が，法律上収益が帰属する者が単なる名義人であって，それ以外の者が実質的に収益を享受する場合に，その者を収益の帰属主体とする旨を定め，消費税法13条も同様の規定を設けている趣旨（実質所得者課税の原則）に鑑みれば，本件手数料に係る収益が原告に帰属するか否かの判断に

当たっては，本件手数料を受領した訴外Aらの法律上の地位，権限について検討するとともに，訴外Aらを単なる名義人として実質的には原告が本件手数料を受領していると見ることができるか否かを検討することが相当である」

「訴外Aらは，個人としての法的地位に基づき訴外B〔筆者注：関係業者の代表取締役〕から本件手数料を自ら受け取ったものと認められるところ，自己の判断により，受領した本件手数料を費消していたというのであるから…訴外Aらが単なる名義人として本件手数料を受領していたとは認め難い。」

　なお，大阪地判平成25年6月18日税資263号順号12235は，消費税法13条1項が定める「資産の譲渡等を行った者の実質判定は，その法的実質によるべきものと解される」と判示しています。ただし，判決は，この直後に「このように解すべきことは，当事者間に争いがない」とわざわざ判決文に記載していますので，その先例性を過大評価すべきではないのかもしれません。

2　事業主基準

　課税実務は，次のとおり，資産から生ずる収益についてはその資産の真実の権利者が誰であるか，事業から生ずる収益については**事業主が誰であるか**によって判断しています。

◆所得税基本通達
（資産から生ずる収益を享受する者の判定）
12－1　法第12条の適用上，資産から生ずる収益を享受する者がだれであるかは，その収益の基因となる資産の真実の権利者がだれであるかにより判定すべきであるが，それが明らかでない場合には，その資産の名義者が真実の権利者であるものと推定する。
（事業から生ずる収益を享受する者の判定）
12－2　事業から生ずる収益を享受する者がだれであるかは，その事業を経営していると認められる者（以下12－5までにおいて「事業主」という。）がだれであるかにより判定するものとする。

　裁判所は，事業主ないし事業主体（経営主体）の判断にあたって，例

えば，次のような事情を考慮しています。ただし，事案の内容や業種等に応じて，これら以外の事情も考慮したりするなど，事案に応じて柔軟な対応をしています。

　また，誰と誰の間で帰属が問題になっているのか（法人と役員の間，法人と法人の間など），個別取引又は事業自体の帰属が問題となっているのか，資産との結びつきの強い収益の帰属が問題となっているのかなどによって，考慮すべき事情やその比重が変化することがあります。

---

① 　営業許可，事業運営等に係る免許，登録，届出又は取引に係る契約・請求書等の名義人は誰か。
② 　事業主体又は取引主体に係る法律上の制約等はあるか。
③ 　法人又は個人の事業範囲に含まれるか。
④ 　事業又は取引の主体に関する当事者・関係者の認識はどのようなものであるか。
⑤ 　事業又は取引に係る意思決定者，実行行為者又は収支管理者は誰か。
⑥ 　収益を管理・支配・享受しているのは誰か。
⑦ 　原価・費用等に係る資金を負担しているのは誰か。
⑧ 　事業又は取引に係る重要書類の保管者は誰か。
⑨ 　事業又は取引に係る税務申告を行っているか。
⑩ 　その他

第8章　所得税の計算の仕組みと申告

I　計算の仕組み

　所得税の課税方法は，基本的に**総合課税制度**です。各人の担税力に応じて公平に行われるようにするため，各人に帰属する所得を合算します。そして，その合算された所得から各人の配偶者の有無，扶養親族の数等に応じた所得控除を適用し，その控除後の課税所得に対して超過累進税率を適用して税額を計算すること（**総合累進課税**）を基本的な考え方としています。

　他方，所得税は，特定の所得について，他の所得との合算による総合課税を行わず，分離して税額計算をし，確定申告を行う**申告分離課税制度**や，同様に総合課税を行わずに一定税率による源泉徴収だけで課税関係を終結させる（選択又は一律の）**源泉分離課税制度**を採用しています。

　例えば，利子所得は，所得税法上は総合課税の対象とされていますが，利子所得の発生の大量性，元本たる金融商品の多様性・不動性を考慮して，簡素で中立的な制度が望ましいという観点から，租税特別措置として，**国内において支払いを受けるべき利子等については，特定公社債等に係るものを除いて，税率20％（国税15％，地方税5％）による一律源泉分離課税**が適用されています。

　特定公社債等については，平成25年度改正により，他の金融商品との中立性等の観点から株式や公社債等の譲渡損失との損益通算が可能となり，原則として，税率を国税15％，地方税5％とする申告分離課税とされました（所法23，181，182，措法3，3の3，8の4，地法71の6，71の9等）（岩﨑政明＝平野嘉秋編『税法用語辞典〔10訂版〕』（大蔵財務協会，2022）30〜31頁，245〜246頁，573頁，税制調査会「昭和60年度の税制改正に関する答申」5〜6頁（S59.12)）[※]。

　日本の居住者である個人を前提とした所得税の計算の仕組みの大枠は
スライド「所得税の計算の仕組み」、「所得税の計算の仕組み（続）」の
とおりです（ただし、原則的なものを記載しており、利子所得や配当所
得の申告分離課税など反映されていないものも多数あります）。

（※）　なお、利子所得においては、必要経費の控除がなく、その収入金額が
　　　そのまま所得金額とされています（所法23②）。その理由として、①個人
　　　の貯蓄資金の運用果実を利子所得として構成している所得税法上の所得
　　　類型からいって、利子所得の必要経費は、もしあったとしても通常それ
　　　ほど大きいものではなく、②他から借金してこれを貯金に回すというよ
　　　うなことは普通はないだろうし、③所得税法が念頭に置いている預貯金
　　　等についていえば貸倒れのリスクもあまりないことが挙げられます（注
　　　解所得税法研究会・注解296 〜 297頁）。

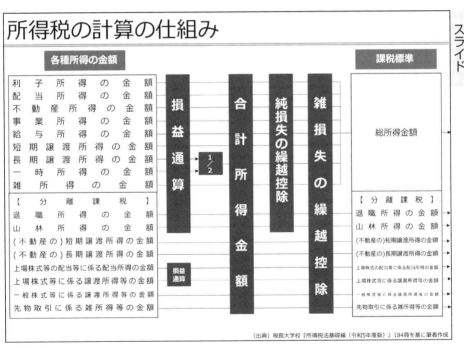

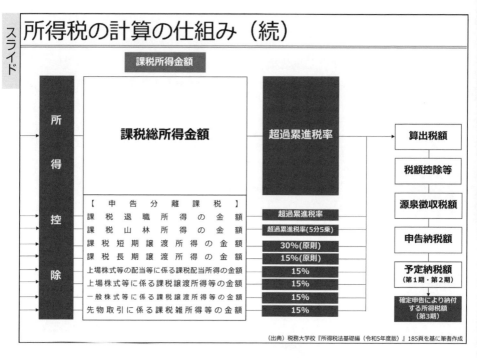

以下では，上記スライドの各項目の一部を確認します。

Ⅱ　所得の種類（所得区分・所得分類）

　現行所得税法では，特に非課税とされるものを除き，あらゆる源泉から生ずる所得を課税対象とし，これらの所得を**10種類の所得**に分類し，それぞれその所得の内容に応じて異なる課税所得の計算や課税方法等を定めています。

　また，上記の分類のほか，別途，税額計算の過程において，漁獲から生ずる所得，著作権の使用料に係る所得その他の所得で年々の変動の著しいものを**変動所得**，役務の提供を約することにより一時に取得する契約金に係る所得その他の所得で臨時に発生するものを**臨時所得**として超過累進税率の適用緩和を図る措置を講じています（所法２①二十三，

二十四90，所令7の2，8）。

　このような所得分類については，純資産増加説的考え方により，あらゆる源泉からの所得を課税対象とする場合においても個人所得における所得形態の多様性を顧慮するときは，個別の所得の性格に従って所得の分類を設けることが税法の構成の理解を容易にするためにも，また所得の性格に基づいて，各人の担税力に応じた応能課税の考え方を取り入れる等のためにも必要であると考えられています（昭和38年整備答申7〜8頁）。所得を分類しておくことは，源泉徴収の対象となる所得を画定する際にも便利です。

　所得の種類によっては，他の所得と比べて，税金の負担が重くなるものもあれば，軽くなるものもあるため，ある所得がどの種類の所得に分類されるかという点がよく問題になります。同じ金額の所得であっても（量的担税力が同じであっても），所得の性質等によって担税力（質的担税力）が異なると考えられています。

　例えば，個人に帰属する所得を，**労働から生じる勤労性所得，資産から生じる資産性所得，資産と労働の両方が結合した資産勤労結合性所得，それ以外の所得**という観点から区分する場合，病気や死亡により途絶える勤労所得は預金の利子や株式の配当などの資産から得られる所得よりも担税力が小さいと解されています。

　よって，所得税の仕組みを作る際には，勤労性所得への課税を相対的に軽く，資産性所得への課税を相対的に重くするのが公平であると考えられますが，資産性所得や資産勤労結合性所得に対して政策的に軽い課税が定められることが多く，理想が実現しているとはいえないのが実情です（佐藤・所得税46〜49頁）。

　現行の税制はさまざまな価値判断や考慮の上に成り立っていることを心に留めておきましょう。また，所得税法における勤労性所得と資産性所得との質的担税力の差という考え方については疑問も提起されています（岸田貞夫ほか『基礎から学ぶ現代税法〔第5版〕』（財経詳報社，2023）30〜33頁〔吉村典久〕）。

　このような性質区分とも関連しますが，所得の発生源泉の継続性・経

常性，一時性・偶発性，臨時性・不規則性，あるいは数年かけて形成されたものであるという意味での累積性といった観点から区分・整理することもできます。現行法では，一時的，偶発的な所得については，その性質上，経常的で安定的な所得に比して，担税力が低いという考慮がなされていたり，累積的な所得については一時点で課税した場合に累進税率が高くなることを想定してその効果を緩和（平準化）する手当てがなされたりしています。

　所得の種類ごとに担税力に応じた負担の調整は，基本的に，**異なる税率を適用するという方法ではなく，異なる所得金額の計算方法を用意する方法**で行われています。あくまで大雑把に分類・整理したものですが，スライド「所得の性質・種類・計算方法」で確認しましょう。

<table>
<tr><td rowspan="13">スライド</td><td colspan="5">所得の性質・種類・計算方法</td></tr>
</table>

性質		所得の種類	内容・具体例	所得金額の計算方法（原則）	
【勤労性所得】	継続性	給 与 所 得	給料、賃金、歳費、賞与等に係る所得	収入金額－給与所得控除額	
	累積性	退 職 所 得	退職手当等に係る所得	（収入金額－退職所得控除額）×1／2	
【資産性所得】	継続性	利 子 所 得	国債・社債・預貯金の利子、公社債投資信託等の収益の分配に係る所得	収入金額	
	継続性	配 当 所 得	株式の配当等に係る所得	収入金額－元本取得に要した負債利子の額	
	一時性累積性	譲 渡 所 得	不動産、株式、美術品等の資産の譲渡による所得	総収入金額－（取得費＋譲渡費用）－特別控除額 (注)長期譲渡所得は一時所得と合算して1／2を課税対象	
【資産勤労結合性所得】	継続性	事 業 所 得	農業、漁業、個人商店や士業などの事業から生じる所得	総収入金額－必要経費	
	継続性	不 動 産 所 得	不動産の貸付けによる所得	総収入金額－必要経費	
	累積性	山 林 所 得	山林を伐採して譲渡又は立木のままの譲渡による所得	総収入金額－必要経費－特別控除額 (注)税額計算：（課税山林所得金額×1／5×税率）×5	
【その他】	一時性	一 時 所 得	懸賞金や競馬の払戻金、法人からの金品等の贈与など一時的で対価性のない所得	総収入金額－収入を得るために支出した金額－特別控除額 (注)長期譲渡所得と合算して1／2を課税対象	
	継続性	雑 所 得	他の9種類のいずれにも該当しない所得	①＋②	①公的年金等 　収入金額－公的年金等特別控除額 ②上記以外 　総収入金額－必要経費

Ⅲ　損益通算

1　概　　要

　所得税は所得を区分した後に合算して，総合累進課税を行う制度を採用しています。所得金額は，基本的には収入金額から必要経費の額を控除して算出します。よって，所得金額は黒字の場合もあれば，損失（赤字）の場合もあります。

　第1次的には，異なる種類の所得における黒字と損失（赤字）は相殺することが，総合累進課税の理念に合致しますが，**損失（赤字）の中に単なる消費の性格を有するもの**が存在する場合には，少なくとも他の所得区分（異なる種類の所得）の黒字と合算することの妥当性が問われることになり，そのような損失（損失）の相殺ないし通算可能範囲を制限すべきであるという発想も生まれます。例えば，給与所得者が趣味で行っている競馬で多額の損失が生じ，それを給与所得と相殺することを認めるべきではないという考え方が支持されうるのです。

　現行法では，**不動産所得，事業所得，譲渡所得，山林所得という4つの所得区分に限定して**，これらの所得区分の金額の計算上生じた損失（赤字）[※]の金額は，一定の順序により，他の種類の所得（黒字）と相殺できることとしています。これを損益通算といいます。分離課税とされる山林所得の損失を他の所得と相殺したり，譲渡所得の損失を退職所得と相殺したりすることも可能です（所法69，所令198，199）。

（※）　**生活に通常必要でない資産**（第14章Ⅳ2）に係る所得の金額の計算上生じた損失は，一定の競走馬の譲渡に係る損失を除き，損益通算できません（所法69②，所令178，200）。このほか，不動産所得や株式等に係る譲渡所得等の金額の計算上生じた損失についても別途の取扱いとなっているため注意してください（措法37の10①，41の4等）。

　他方，上記4つの所得区分に含まれないもの，例えば，雑所得や一時所得などの計算上損失が生じていてもこれを損益通算に使用することはできません。もっとも，同じ雑所得の中で損失と所得を相殺するなど，

同じ種類の所得の内部での通算（**内部通算，所得内通算**）は可能です。

　例えば，雑所得である暗号資産に係る所得の計算上生じた損失は，国内のFXなど分離課税となる先物取引に係る雑所得は別ですが（措法41の14），日本で未登録の海外業者と行ったFX取引に係る雑所得や公的年金等を含む他の雑所得との間で相殺することは可能です。しかしながら，事業所得の黒字と相殺することはできません。逆に，事業所得の計算上生じた損失を雑所得である暗号資産に係る所得と相殺することは可能です（泉＝藤本・事例86頁）。

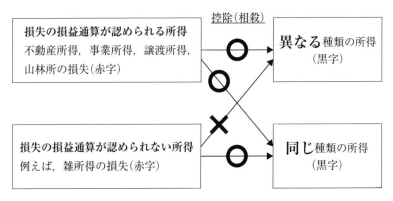

　なお，費用や損失がないものとみなす，生じなかったものとみなす規定の適用がある場合（所法9②，措法41の4等）や**必要経費の算入限度超過額**（所法51④等）など，そもそも損失の必要経費算入が認められないものについては，当然，損益通算の対象となる損失は生じません。

2　雑所得の損失の損益通算を制限する趣旨

　雑所得の計算上生じた損失の金額について損益通算を認めないこととされたのは昭和43年の改正です。この改正は，当時，国税庁が国会議員の政治献金を雑所得に係る収入と解する見解を明らかにしたことに伴い，多くの議員から，政治活動費の超過による雑所得の損失を歳費との間で通算し，歳費に係る源泉所得税の還付請求が行われたことに対して，マスコミ・世論からの批判が高まったことを契機として行われたものです（岩﨑政明「雑所得の分類基準と損益通算排除の意義」税務事例研究7

号36頁)。その趣旨については，次のように説明されています（国税庁
『昭和43年　改正税法のすべて』（国税庁，1968）26頁）。

> 「雑所得の計算上生じた損失の金額について他の所得との通算を認める従
> 来の制度につきましては，もともと雑所得は事業所得や給与所得のよう
> な典型的な所得分類に入らない所得を包括する分類でありまして種々の
> 態様のものを含んでいるものの，全体としてみた場合は必要経費がほと
> んどかからないか，かかっても収入を上回ることのないものが大部分で
> あってこれらについては通算の実益がなく，また，その他の所得である
> 程度支出を伴うものにつきましても，その支出内容に家事関連費的な支
> 出が多いのが実情であって，これについて損益通算を存置する場合には
> かえって本来の所得計算のあり方について混乱を招くおそれもあると考
> えられるのであります。
> そこで，今回の改正を機会に，これを改め，雑所得の計算上生じた損失
> の金額につきましては，他の所得との損益通算はできないこととし（法
> 第69条第1項並びに令第198条及び第199条），昭和43年分の所得税から実
> 施することになりました（改正法附則第2条）。」

Ⅳ　純損失の繰越控除・繰戻還付

　上記のとおり，不動産所得，事業所得，譲渡所得，山林所得の金額の
計算上生じた損失は損益通算することが可能ですが，**損益通算してもな
お控除しきれない場合**があります。その控除しきれない部分の金額を**純
損失の金額**といいます（所法2①二十五）。

　**青色申告をしている年分の純損失の金額，又はこれ以外の純損失の金
額で一定のものについては，翌年以降3年にわたって，所得金額から控
除されます。ただし，純損失の金額が生じた年分の所得税につき確定申
告書を提出し，かつ，それぞれその後において連続して確定申告書を提
出していなければなりません。**

　譲渡損失はあるけど，不動産所得，事業所得，山林所得を生ずべき業
務を行っていない者はそもそも青色申告書を提出できないので，その譲

渡損失について青色申告に係る繰越控除の適用はありません。青色申告でない，いわゆる白色申告の場合には，青色申告と比較し，**変動所得の損失と被災した事業用資産の損失を３年間**（一定の場合には５年間）繰り越すことができます。

また，純損失が発生するのは上記４つの所得区分ですから，雑所得に係る赤字は，先物取引の差金等決済に係る損失の繰越控除等を除き，純損失として繰越控除することはできません（所法69①，70①②，70の２，措法41の15等）。

他方，事業所得に係る所得について，前年が100万円の黒字で納税しており，今年は100万円の赤字の場合には，前年・今年という単年ではなく２年間通してみればプラスマイナスゼロですから，前年も含めて納税は発生しないはずです。そこで，**純損失の繰戻還付**という制度により，前年に納めた税金を還付してもらうことができるようになっています。

青色申告の場合は，この純損失の繰戻しによる還付請求が可能です。すなわち，**前年分の所得税につき青色申告書を提出し，かつ，その年分の青色申告書をその提出期限までに提出した青色申告者**は，その年において生じた純損失の金額がある場合には，申告書と同時に「純損失の金額の繰戻しによる所得税の還付請求書」を所轄税務署長に提出することにより，その純損失の金額の全部又は一部を前年に繰り戻して（前年分の所得金額から控除して），前年分の所得税の還付を請求することができます（**両年分とも青色申告書であることに注意**）。繰り戻さなかった純損失の額については，上記の純損失の繰越控除の適用ができます（所法140，142①）。

純損失の繰越控除と繰戻還付の各制度の必要性について，スライド「純損失の繰越控除と繰戻還付」で確認しましょう。

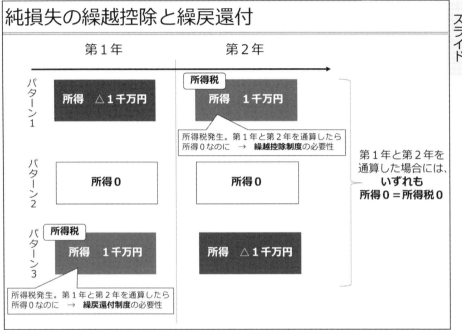

V　人的控除

　所得控除は，租税理論的には，各種所得の金額の計算について定められている必要経費等の控除とは異なり，所得稼得生活上の支出や損失を控除するものではなく，**所得消費生活上の支出（家事費・消費）や家事費的性格を有する損失のうち，やむをえない支出・損失を，人的担税力（人の総合的担税力）の減殺事由として控除**するものであり，なかには，**政策的な理由又は公益的な理由による所得控除**もあると説明されます（谷口・講義369頁）。

　所得控除の金額は，総所得金額，山林所得金額又は退職所得金額から順次控除されますが，所得控除のうち，控除不足額を翌年以降 3 年間繰越可能である雑損控除は他の所得控除よりも優先して控除されます。（所法87）。

「所得のうち本人とその家族の最低限度の生活を維持するのに必要な部分は担税力を持たない」という考え方に基づいて定められており，憲法25条の生存権の保障の租税法における現れともいえる**基礎的な人的控除**に分類されるものとして，基礎控除（所法86），配偶者控除（所法83），配偶者特別控除（所法83の２），扶養控除（所法84，措法41の16）があります（金子・租税法209頁）。

　これらは，世帯構成などといった納税者の担税力（税負担能力）を減殺させる基本的な事情を斟酌するために設けられています（平成12年現状と課題91頁）。

　なお，所得控除と税額控除を単純に比較すると，所得控除のほうが所得を多く稼いでいる人に対してより大きな税額軽減効果を発揮するため，所得の多寡に合わせて所得控除額を調整する仕組みの採用[※1]や税額控除への移行の是非[※2]が議論されます。

（※１）　平成30年度税制改正で，基礎控除の逓減，消失となる合計所得金額の水準について，所得再分配機能の回復の観点を踏まえつつも，基礎控除が最も基本的な控除であり，より広い所得階層に適用されるべきものであることを総合的に勘案し，合計所得金額2,400万円超から逓減し，2,500万円超で消失する仕組みが採用されました（平成30年度改正解説89頁）。また，上記とは別の観点からになりますが，配偶者は，自身の所得が増えた場合に他方の配偶者において配偶者控除が不適用となり，家計の負担額が増えることを回避するために就業調整することがあります。このような就業調整をめぐる課題に対応するために，配偶者特別控除においては，配偶者が配偶者控除の適用がなくなるほど収入を稼いだとしても，世帯の手取収入が逆転しない逓減・消失型の仕組みが採用されています（自由民主党＝公明党「平成29年度税制改正大綱」(H28.12) ３〜５頁）。なお，配偶者控除は，その配偶者の合計所得金額が48万円を超える場合には適用がありませんが，133万円以下であるなど一定の要件を満たす場合には，一定の金額の所得控除を配偶者特別控除として受けることができるようになっています（所法83の２）。

（※２）　人的控除を所得控除から（所得金額にかかわらず定額を控除する）税額控除に切り換えて，所得控除による税額の減少額が，所得が増加

するにつれて累進的に増加するという問題を解消すると同時に，還付
付き税額控除制度を採用して，控除額が税額を上回る場合には差額を
還付することとすべきであること及び所得が最低生活費[※3]を下回る場
合には差額の全部又は一部を給付すべきであるという意味での給付付
き税額控除を検討すべきであることが指摘されています（金子・租税
法213〜214頁）。後者について，税額控除は，所得があり納税している
納税者に税金を還付する制度であり，所得がなく納税義務がない者へ
の還付は，通常は想定されていないことを想起しておきましょう。

（※3）　人的控除については，次のような課税最低限や最低生活費との関連
で議論されることがあります（金子・租税法213頁，谷口・講義369〜
371頁）。

課税最低限	所得のうち，そこまでは課税されない金額ないし所得税のかかる最低限の所得水準を示す（価値判断を伴わない）技術的概念であり，給与所得者の場合は人的控除のほか，給与所得控除及び社会保険料控除を含むものとして観念されています。
最低生活費	納税者本人とその家族が「健康で文化的な最低限度の生活」（憲25①）を営むうえで必要な支出のこと。所得稼得の前提となる根源的ないわば「人間に値する生存のための必要経費」であり，納税者が支出するかどうかを任意に決められるものではなく，したがって，人的担税力を減殺するものとして，所得課税上取り扱うことが，憲法上要請されます（最低生活費非課税の原則又は最低生活費控除の原則）。

　基礎控除は，控除を受ける納税者本人の合計所得金額（純損失の繰越
控除と雑損失の繰越控除を適用前の総所得金額，退職所得金額及び山林
所得金額の合計額。所法2①三十イ(2)）により，配偶者控除はこれに加
えて配偶者の年齢により，扶養控除は扶養親族の年齢や同居の有無等に
より，次のとおり，控除額が異なります。

◆基礎控除の額（納税者本人の合計所得金額2,500万円超の場合は控除なし）

納税者本人の合計所得金額	控除額
2,400万円以下	48万円
2,400万円超2,450万円以下	32万円
2,450万円超2,500万円以下	16万円

　　平成30年度税制改正では，働き方の多様化が進展している中で，働き方や収入の稼得方法により所得計算が大きく異なる仕組みを是正し，働き方に中立的な税制を実現する観点から，給与所得控除・公的年金等控除の控除額を10万円引き下げるとともに，基礎控除を同額引き上げる改正が行われました。

◆配偶者控除の額

納税者本人の 合計所得金額	控除額	
	右記以外の控除対象配偶者^(※1)	老人控除対象配偶者^(※3)

納税者本人の合計所得金額	右記以外の控除対象配偶者[※1]	老人控除対象配偶者[※3]
900万円以下	38万円	48万円
900万円超950万円以下	26万円	32万円
950万円超1千万円以下	13万円	16万円

（※1）　控除対象配偶者：同一生計配偶者[※2]のうち，合計所得金額1千万円以下である居住者の配偶者（所法2①三十三の二）

（※2）　同一生計配偶者：居住者の配偶者でその居住者と生計を一にするもの（所定の給与の支払いを受ける青色事業専従者に該当するもの及び事業専従者に該当するものを除きます）のうち，合計所得金額が48万円以下である者（所法2①三十三）

（※3）　老人控除対象配偶者：控除対象配偶者のうち年齢70歳以上の者（所法2①三十三の三）

◆扶養控除の額

扶養親族[※1]の区分		控除額
下記以外の控除対象扶養親族[※2]		38万円
特定扶養親族[※3]		63万円
老人扶養親族[※4]	下記以外	48万円
	同居老親等[※5]	58万円

（※1）　扶養親族：居住者の親族（その居住者の配偶者を除きます）等でそ
　　　　の居住者と生計を一にするもの（所定の給与の支払いを受ける青色事
　　　　業専従者に該当するもの及び事業専従者に該当するものを除きます）
　　　　のうち，合計所得金額が48万円以下である者（所法2①三十四）
（※2）　控除対象扶養親族：扶養親族のうち16歳以上の居住者及び非居住者
　　　　のうち次の①〜③のいずれかに該当するもの（所法2①三十四の二）
　　　①　16歳以上30歳未満
　　　②　70歳以上
　　　③　30歳以上70歳未満で❶留学により国内に住所及び居所を有しなく
　　　　なった者，❷障害者，❸その居住者からその年において生活費又は
　　　　教育費に充てるための支払いを38万円以上受けている者のいずれか
　　　　に該当するもの
（※3）　特定扶養親族：控除対象扶養親族のうち19歳以上23歳未満の者（所
　　　　法2①三十四の三）
（※4）　老人扶養親族：控除対象扶養親族のうち70歳以上の者（所法2①
　　　　三十四の四）
（※5）　同居老親等：老人扶養親族が当該居住者又は当該居住者の配偶者の
　　　　直系尊属で，かつ，当該居住者又は当該配偶者のいずれかとの同居を
　　　　常況としている者（措法41の16①）

　　配偶者や扶養親族の各区分に該当するかどうかの判定は，その年12月
31日（納税者本人がその年の中途において死亡し，又は出国をする場合
には，その死亡又は出国の時）の現況によりますが，その判定に係る配
偶者や親族がその当時既に死亡している場合はその死亡の時の現況によ
ります（所法85，所基通85-1）。非居住者である配偶者や扶養親族に係

る配偶者控除や扶養控除等を受ける場合には，その配偶者や扶養親族が
その居住者の配偶者や親族に該当する旨を証する書類及びその居住者と
生計を一にすることを明らかにする書類等を添付又は提示する必要があ
ります（所法120③二・三，194④〜⑥等）。

　また，配偶者や親族という概念は**民法からの借用概念**であり，例えば，
配偶者とは，納税義務者と法律上の婚姻関係にある者であり，**内縁関係
にある事実上の配偶者などはこれに含まれないと解されています**（**最判
平成9年9月9日訟月44巻6号1009頁，最判平成3年10月17日集民163
号381頁**）。

　上記のほか，基礎的な人的控除に加えて，障害など特別な人的事情の
ために追加的費用を要することによって担税力が減殺されることなどを
斟酌して調整する趣旨から，**特別な人的控除**として，障害者控除（所法
79），寡婦控除（所法80），ひとり親控除（所法81），勤労学生控除（所
法82）があります（令和5年現状と課題109頁）。

Ⅵ　その他の所得控除

1　その他の所得控除

　上記のほか，**特別の支出などに伴って担税力が減殺されることを斟酌**
したり，**一定の政策的要請を勘案**したりするための所得控除として（令
和5年現状と課題104頁），雑損控除（所法72），医療費控除（所法73），
社会保険料控除（所法74），小規模企業共済等掛金控除（所法75），生命
保険料控除（所法76），地震保険料控除（所法77），寄附金控除（所法
78）があります（【図表1】その他の所得控除）。

【図表 1 】　その他の所得控除

控除の種類	概　　要	控除額の計算方式
雑損控除	住宅家財等について災害又は盗難もしくは横領による損失が生じた場合又は災害関連支出の金額がある場合に控除	次のいずれか多いほうの金額 ① （災害損失の金額＋災害関連支出の金額）－年間所得金額×10% ② 災害関連支出の金額－ 5 万円
医療費控除	納税者又は納税者と生計を一にする配偶者その他の親族の医療費を支払った場合に控除	支払った医療費の額　－　　A A ＝ 次のいずれか低いほうの金額 ① 10万円 ② 年間所得金額　×　 5 % ただし，医療費控除額の最高限度額は200万円
社会保険料控除	社会保険料を支払った場合に控除	支払った社会保険料の額
小規模企業共済等掛金控除	小規模企業共済掛金，確定拠出年金に係る企業型年金加入者掛金，個人型年金加入者掛金，心身障害者扶養共済掛金を支払った場合に控除	支払った掛金の額
生命保険料控除	一般生命保険料，介護医療保険料及び個人年金保険料を支払った場合に控除	(1) 平成24年 1 月 1 日以後に締結した保険契約等（新契約）に係る生命保険料控除 ① 支払った一般生命保険料に応じて一定額を控除（最高限度額 4 万円） ② 支払った介護医療保険料に応じて一定額を控除（最高限度額 4 万円） ③ 支払った個人年金保険料に応じて一定額を控除（最高限度額 4 万円） (2) 平成23年12月31日以前に締結した保険契約等（旧契約）に係る生命保険料控除

		① 支払った一般生命保険料に応じて一定額を控除（最高限度額5万円） ② 支払った個人年金保険料に応じて一定額を控除（最高限度額5万円） ただし，各保険料控除の合計適用限度額は12万円。
地震保険料控除	地震保険料を支払った場合に控除	支払った地震保険料の全額を控除（最高限度額5万円） （注） 1 平成18年12月31日までに締結した長期損害保険契約等（地震保険料控除の適用を受けるものを除く）に係る保険料等は従前どおり適用（最高限度額1万5千円） 2 地震保険料控除と上記1を適用する場合には合わせて最高5万円
寄附金控除	特定寄附金を支出した場合に控除	A － 2千円 ＝ 寄附金控除額 A ＝ 次のいずれか低いほうの金額 ① 特定寄附金の合計額 ② 年間所得金額×40%

（出典） 財務省ホームページ「所得控除に関する資料」を基に筆者作成

2 雑損控除

　個人又はその者と生計を一にする配偶者その他の一定の親族でその年の総所得金額等が48万円以下である者が有する資産について，**災害，盗難又は横領による損失が生じた場合**（その災害等に関連してその居住者が一定のやむをえない支出をした場合を含みます）には，**その年における当該損失の金額のうち一定の金額を，その居住者のその年分の総所得金額，退職所得金額又は山林所得金額から控除することができます**（所法2①二十七，72，所令9。ただし，災害減免法2条括弧書により，同法による軽減免除との選択適用となります）。

　雑損控除は，昭和25年の改正で明確化されたものです。シャウプ勧告

では，従来の曖昧な規定は好ましくなく，所得の10%を超過する部分に
のみ取引や営業に関連しない個人的損失としての雑損の控除を認めるこ
とで**税務行政の手間が省けること**などを指摘していました（シャウプ使
節団・Ⅰ巻102～103頁）。この勧告を受けて，資産について大きな損害
を受けた場合には，ただちに**担税力にも影響が生ずるので，その負担の
緩和を図るために雑損控除の規定**が設けられたと説明されます（長迫倍
民「改正所得税法の解説」税経通信臨時増刊号53号22頁）。雑損とは，
「納税義務者の意思に基づかない，いわば災難による損失」であると解
されています（**最判昭和36年10月13日民集15巻9号2232頁**）。

　雑損控除の対象となる資産からは，所得税法62条1項の**生活に通常必
要でない資産**（**第14章Ⅳ2**）及び同法70条3項の**棚卸資産や事業用資産
等**が除かれています。事業に関する損益は事業の所得計算に含めること
が適当であるとして事業用資産を除外しているのでしょう。

　生活に通常必要でない資産が除外されたのは，昭和36年12月付けの税
制調査会の答申を受けた昭和37年度の税制改正の際です。その趣旨とし
て次のような説明がなされています。

- 雑損控除は本来納税者の所有する住宅，家財等が災害により異常な損
  失を蒙った場合，その現状回復のため，相当の出費を要することに伴
  い，多分に担税力が減殺されることに着目して設けられた制度であり，
  このような趣旨からすれば，通常生活に必要でない資産の損失まで無
  制限に雑損控除の対象としている現行制度は適当でない（後藤正「所
  得税法の一部改正について」国税速報1513号臨時増刊号53頁）。
- 高額の資産所有者に甘い取扱いとなるおそれがあり，災害等による異
  常な損失によって低下した担税力に即応した公平な課税を実現しよう
  とする雑損控除制度本来の趣旨に反する（渡部周治「所得税法の一部
  改正について」財経詳報433号8頁）。
- 別荘，娯楽用のヨット等のようにその損失が所有者の状況等から担税
  力に影響しないと認められる資産は除外する（米山鈞一「所得税法の
  改正について」税務弘報10巻6号29頁）。

　雑損控除の対象となる損失の金額は，**損失を生じた直前のその資産の**

時価ベースで計算します。これは，上記のとおり，雑損控除の対象となる資産から生活に通常必要でない資産が除外されて「生活用資産等に限られることになったことから，担税力の減殺の度合も大きく，早急な回復を必要とすることを勘案して従来の取扱いどおり時価によることとされた」ものです（柿谷昭男「所得税制の整備に関する改正について」税経通信17巻6号52頁）。

　ただし，平成26年度税制改正で，時価を算出することが困難なケースがあることなどを踏まえて，その住宅家財等がその使用又は期間の経過により減価するもの（減価償却資産）である場合には，その損失の生じた日にその減価資産の譲渡があったものとみなして譲渡所得の金額の計算をしたときにその減価資産の取得費とされる金額に相当する金額を基礎として，いわゆる**簿価ベースで損失の金額を計算することを選択できる**こととされました（所令206③）（平成26年改正解説109頁）。

　なお，暗号資産との関係では，第三者の不正アクセスにより，個人が保有する暗号資産等が消失した場合には，事業所得又は雑所得に係る損失として必要経費に算入できるか，又は雑損控除として所得から控除できるかを検討することになります（所法51，72。泉＝藤本・事例134，418～424頁）。

　以上を踏まえつつ，所得税法51条の損失の規定と併せて考えると，サイモンズの定式（所得＝期中消費額＋期中純資産増加額）上は，消費ではない純資産の減少であるといえるような損失であっても，現行法上，そのすべてが課税上，所得のマイナス要因として考慮されるわけではないことがわかるでしょう。

Ⅶ　税　　　率

　所得税法は，原則として，超過累進税率を採用し，一部の所得に対して比例税率を採用しています。

①	累進税率：所得金額が増加するにつれて税率が累進的に増加する	単純累進税率：一定金額を超過した場合に所得金額全体の税率が段階的に上がる
		超過累進税率：超過部分の税率が段階的に上がる
②	比例税率：所得金額の大きさにかかわらず税率は一定割合	

　税負担の公平を実現するために担税力に応じて国民の間で税負担を配分するという観点から，累進税率，とりわけ**超過累進税率**が一般に支持されています。**単純累進税率**の場合は，所得金額が 1 単位増えて，次の所得段階の税率（限界）になった場合に不都合が生じます（スライド「単純累進税率と超過累進税率」）。あるいは，所得が高い人は，税負担が 1 単位増加した場合に減少する効用ないし満足の程度が逓減することを前提として超過累進税率の合理性が説明されることもあります。

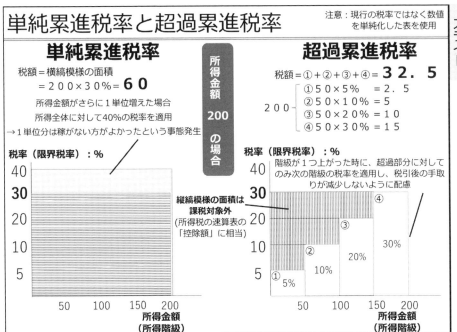

申告納税額は，原則として，収入金額から必要経費の額を控除して所得金額を算出し，そこから所得控除を適用した残額（課税総所得金額等。所法89②）に税率を乗じて税額を算出し，そこからさらに税額控除を適用して算出されます。

　所得税の税率は，昭和63年12月の税制改正により，中堅所得者層の負担軽減を主眼として，最低税率を10％とし，その適用範囲を課税所得300万円まで大幅に拡大するとともに，税率の刻みを最低税率10％から最高税率50％までの５段階（改正前は，10.5％から60％までの12段階）に簡素化することとされ，これによって，大部分のサラリーマン世帯が就職してから退職するまでの間に適用される税率が10％一本になり，負担累増感の解消が図られました（他方で，原則として非課税とされていた有価証券譲渡益が他の所得と分離して，申告又は源泉により課税されるなど課税ベースが拡大されました）（国税庁『昭和63年　改正税法のすべて』（国税庁，1988）15 ～ 17頁）。現在の税率は，最低税率５％～45％の７段階です（なお，令和19年分までの各年分について復興特別所得税（復興特別所得税額＝基準所得税額×2.1％）が課せられますが，本書では原則として説明を省略しています）。

　課税される所得金額（千円未満の端数切捨て後）に対する所得税の額は，次の所得税の速算表（平成27年分以降）を使用すると簡単に求められます（国税庁タックスアンサー No.2260「所得税の税率」）。

課税される所得金額	税率	控除額
1,000円　から　1,949,000円まで	5 %	0円
1,950,000円　から　3,299,000円まで	10%	97,500円
3,300,000円　から　6,949,000円まで	20%	427,500円
6,950,000円　から　8,999,000円まで	23%	636,000円
9,000,000円　から　17,999,000円まで	33%	1,536,000円
18,000,000円　から　39,999,000円まで	40%	2,796,000円
40,000,000円　以上	45%	4,796,000円

　例えば「課税される所得金額」が7,000,000円の場合には，求める税額
は，7,000,000円×0.23（税率）－636,000円（控除額）＝974,000円となり
ます。

　なお，合計所得金額が1億円を超えるような高所得者層では，分離課
税の仕組みにより，総合課税における高い累進税率よりも低い税率が適
用される金融所得等の全体に占める割合が高いこと等を要因として，所
得税負担率が低下する「1億円の壁」の存在について（【図表2】申告
納税者の所得税負担率），税負担の公平性を確保する観点から是正すべ
きとの議論が行われてきましたが，令和5年度税制改正において，「極
めて高い水準の所得に対する負担の適正化措置」が導入されました。

【図表2】申告納税者の所得税負担率

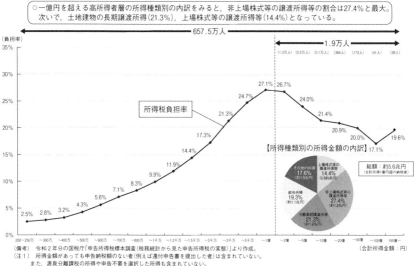

（備考）　令和2年分の国税庁「申告所得税標本調査（税務統計から見た申告所得税の実態）」より作成。
（注1）　所得金額があっても申告や申告納税額のない者（例えば還付申告書を提出した者）は含まれていない。
　　　　また，源泉分離課税の所得や申告不要を選択した所得も含まれていない。
（注2）　円グラフの「株式等の譲渡所得等」のうち「上場株式等」及び「非上場株式等」の内訳は，分離課税（株式譲渡所得，配当所得，先物取引所得）の所得金額が
1000万円超である者のうち合計所得金額1億円超のものの確定申告書データにおける比率を用いて，財務省において機械的に計算したもの。

（出典）　令和5年現状と課題116頁

　具体的には，令和7年分以後の所得税について，株式の譲渡所得のみ
ならず，土地・建物の譲渡所得や給与・事業所得，その他の各種所得を
合算した所得金額（基準所得金額）から特別控除額（3.3億円[※1]）を控

除した金額に，22.5％[※2]の税率を掛けた金額が納めるべき所得税の金額を超えた場合に，その超えた差額を追加的に申告納税する仕組みです（措法41の19①等）（【図表3】極めて高い水準の所得に対する負担の適正化。令和5年現状と課題115頁，令和5年改正解説234頁）。

（※1）　3.3億円の水準は，所得税法の本則における考え方等を踏まえて，22.5％とすることとしたうえで，所得階級別の負担率の状況等や，譲渡所得は長期間の価値上昇の効果が一時に発生する面があることから，その平準化効果も勘案して設定したものです。

　　　　この3.3億円の控除額の下では，譲渡所得のみを稼得する場合，約10億円を超えると追加的な負担が生ずることになる一方で，10億円を下回る譲渡所得が長期間で平準化された場合には，現行の総合課税の下でも，15％を下回る負担率にもなりうる可能性があるところであり，こうした点などを考慮したものであると説明されています（令和5年改正解説237頁）。

（※2）　22.5％の水準は，総合課税の対象となる所得税の税率（所法89）の最高税率（45％）の2分の1としたものであり，これは，所得税法において総合課税の対象とされる長期譲渡所得の金額については，その2分の1を総所得金額として計算している（所法22②二）こと（実質的な最高税率22.5％）から，租税特別措置法における株式譲渡所得等や土地・建物等の長期譲渡所得に対する比例税率（15％）により，これを下回る部分について負担を求めること等を勘案して設定したものです（令和5年改正解説237頁）。

　これは，現下の社会保険料も加味した所得税の負担率をみると，所得が1億円を超えたあたりの所得層は負担率がそこまで大きく低下していない一方で，かなりの高所得者層の負担率の低下が著しい状況にあるといった所得税負担率の状況等を踏まえて，税負担の公平性を確保する観点から，おおむね平均的な水準として30億円を超える高い所得を対象として，最低限の負担を求める措置として導入されたものです（令和5年改正解説234～235頁，令和5年現状と課題115頁）。

【図表3】　極めて高い水準の所得に対する負担の適正化

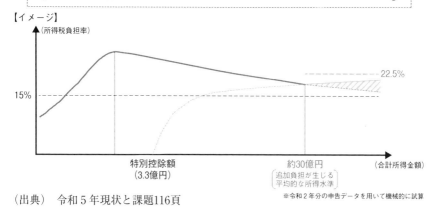

税負担の公平性の観点から，極めて高い水準の所得に対する負担の適正化のための措置を設ける。
（令和7年分の所得から適用）

① 　通常の所得税額
② 　（合計所得金額※ － 特別控除額（3.3億円））× 22.5%
→ ②が①を上回る場合に限り，
差額分を申告納税

※株式の譲渡所得のみならず，土地建物の譲渡所得や給与・事業所得，その他の各種所得を合算した金額。
※スタートアップ再投資やNISA関連の非課税所得は対象外であるほか，政策的な観点から設けられている
　特別控除後の金額。

【イメージ】

（出典）　令和5年現状と課題116頁

Ⅷ　税額控除

　税額控除として，配当控除（所法92，措法9），分配時調整外国税相当額控除（所法93），外国税額控除（所法95，95の2），住宅借入金等を有する場合の所得税額の特別控除等の租税特別措置法で認められた税額控除（措法41等）があります。

　配当所得控除について補足しますと，居住者が剰余金の配当等に係る配当所得を有する場合には，その居住者のその年分の所得税額から，その者の課税総所得金額の区分に応じて，配当所得の金額に一定の控除率を乗じた金額を控除します。ただし，国内にある営業所等に信託された証券投資信託の収益の分配に係るもの以外で外国法人から受けるこれらの金額に係る配当所得には適用できません（所法92）。

配当控除は，昭和23年の税制改正において，「株式の投資を有利にし，証券の民主化，株式の大衆化に資する見地から，配当所得について所得税を軽減することが適当であると認められ，また配当金は法人において一応課税の対象となったものである点等の関係も考慮して」設けられたものです（大蔵省大臣官房文書化編『税法関係法律解説』（大蔵財務協会，1948）48頁）。昭和25年の改正では，シャウプ勧告を受けて，「法人税は，個人所得税の前払であり，配当を受取る前に法人税35%を納付する法人企業に投資した場合と個人企業に投資した場合の差別待遇をできる限りなくするという考慮」から，（従来の15%から25%へと）控除率が引き上げられました（塚田十一郎『改正税法』（日本経済新聞社，1950）69頁）。

　このように配当控除は，法人擬制説[※]の考え方を背景に，法人税を負担しているのは結局個人株主であり，法人税は所得税の前払いであるから，**税額控除によって法人税と所得税を統合**しようというものです。現行法では課税総所得金額に応じて控除率を基本的に配当等の額の5%又は10%にするなど（所法92①），完全な統合ではないにせよ，**二重課税を調整・排除する趣旨**を認めることができます。現在では，このような趣旨が，**株式投資の推進という政策的趣旨**よりも強調されて，説明されます。

（※）　個人と法人をめぐる法人税の基本的仕組みについては，法人の性格をどのように考えるか（法人実在説と法人擬制説のいずれの立場をとるか）によって，考え方が分かれてきたことについて，平成12年現状と課題157頁は次のように述べています。

> 「法人は株主とは独立した存在であると見る法人実在説の立場からは，法人税は法人独自の負担であり，配当に対する法人税と所得税の税負担の調整を行うことは不要であるとの主張がなされてきました。一方，法人は個人（株主）の集合体であるとの法人擬制説の立場からは，法人税は所得税の前取りであり，配当に対する法人税と所得税の税負担の調整を完全に行うべきであるとの主張がなされてきました。

法人の活動の社会的実態を見ると，法人は株主と別個の独立した主
体として経済活動を営み，成果をあげていることは事実です。しか
しながら，同時に，法人の経済活動によって得られる所得が配当の
形で株主に帰属するという側面があり，また，これが法人という企
業形態の存立目的であることも否定することはできません。このよ
うな二面的な性格を有する法人について，法人実在説あるいは法人
擬制説という形で一面的に割り切ることは困難と考えられます。」

IX　確定申告

確定申告書には大きく分けて 3 つあります。

1　確定申告所得申告書

居住者は，その年分の総所得金額，退職所得金額及び山林所得金額の
合計額が所得控除の額の合計額を超える場合で，その超過額に係る所得
税の額の合計額（年税額）が配当控除の額と年末調整に係る住宅借入金
等特別控除額相当額との合計額を超えるときは，その年の翌年 2 月16日
から 3 月15日までの間に，税務署長に対し，確定申告書を提出する義務
があります。ただし，確定損失申告書を提出する場合や，控除しきれな
かった外国税額控除の額，源泉徴収税額又は予定納税の額がある場合を
除きます（所法120①，措法41の 2 の 2 ⑥）。

もっとも，支払いを受けるべき給与等の額が 2 千万円以下で，給与等
の支払いを 1 か所から受けており，その給与等の全部について源泉徴収
された又はされるべき者で給与所得及び退職所得以外の所得金額が20万
円以下であるものなど，一定の場合には所得税に係る確定申告を要しな
いこととされています（所法121）。この場合の20万円以下の所得は非課
税所得ではないため，例えば，還付申告を受けるための申告書を提出す
る場合には，20万円以下の所得も併せて申告する必要があります。

2 還付等を受けるための申告書

　確定申告書を提出する義務がない者であっても，控除しきれなかった外国税額，源泉徴収税額，予納税額の還付を受けるために，あるいは翌年分以降に外国税額の控除不足額の繰越等の規定の適用を受ける場合には，税務署長に対し，確定申告書を提出することができます（所法122）。

　還付金等に係る国に対する請求権は，その請求をすることができる日から5年間行使しないことによって，時効により消滅します（通法74①）。還付を受けるための申告は，申告期間の定めがないので，**暦年経過の時（翌年1月1日）から還付金の消滅時効の日までの5年間する**ことができます（注解所得税法研究会・注解1334頁）。

3 確定損失申告書

　居住者は，その年の翌年以後において純損失の繰越控除又は雑損失の繰越控除の規定の適用を受け，あるいは純損失の繰戻還付を受けようとするときは，その年の翌年2月16日から3月15日までの間に，税務署長に対し，確定損失申告書を提出することができます（所法123）。

　これらの申告は基本的には申告期限内に納税者本人が申告するものです。納税者が死亡した場合や年の中途で出国をする場合には，別途，特別の規定が用意されています（所法124～127）。

第9章　収入金額と必要経費

I　収入金額

1　所得と収入金額

　理論上ないし理念上の所得概念の説明として，現行法上，包括的所得概念が採用されていることはすでに説明しました。もっとも，所得税法は，非永住者以外の居住者の課税所得の範囲について「全ての所得」と規定するのみで（所法7①一），肝心の所得の定義規定を用意していません。その代わり，所得金額は，基本的には，収入金額から必要経費の性質を有するものを控除して算出することを定めています。

　所得税法は，**所得を収入，すなわち経済的価値の外部からの流入という形態で捉えた**うえで，いずれの所得についてもその金額を（総）収入金額として規定するとともに，「その年において収入すべき金額」を各種所得の（総）収入金額としていると解されています（所法23〜35，36）（第6章Ⅲ）。つまり，所得税の計算は，その所得を利子所得，配当所得，不動産所得，事業所得，給与所得，退職所得，山林所得，譲渡所得，一時所得，雑所得の10種類に区分し，各所得ごとに所得の金額を計算することから始まります。なかには必要経費の控除を予定していない所得区分もありますが，それぞれの所得金額の計算は，**収入金額又は総収入金額から始まりますから，収入概念と所得概念は密接した関係**になっています。

　いわば，所得税法は所得算定の出発点を収入金額に据えているわけです（非課税所得について定める所得税法9条1項は，収入ではなく所得を非課税としているように読むことができます。ただし，例えば，同項5号の通勤手当は給与所得控除後の金額ではなく，収入金額の段階で非課税としている一方，9号は取得費及び譲渡費用を控除した譲渡益を非

課税の対象としており，各号によって定め方が異なります）。

　例えば，個人が，アクセサリーを作ってネットで販売する事業を行い，13万円の収入があり，これを制作・販売する経費として3万円がかかったとします。そして，これによって得た利益10万円のうち8万円は個人的に洋服を購入したり，友人との飲食費として費消したりし，残りの2万円は貯蓄に回したとしましょう。

　この場合の所得が事業所得に該当するのであれば，事業所得の金額は「所得10万円＝収入13万円−必要経費3万円」となります。これは，あくまで実定法（所得税法）が定める所得の算式に従って算定したものです。サイモンズの定式（所得＝期中消費額＋期中純資産増加額）（第6章Ⅱ）に従った理論上の所得の金額は「所得10万円＝消費8万円＋貯蓄2万円」となり，上記と一致します（スライド「所得の算式」）。

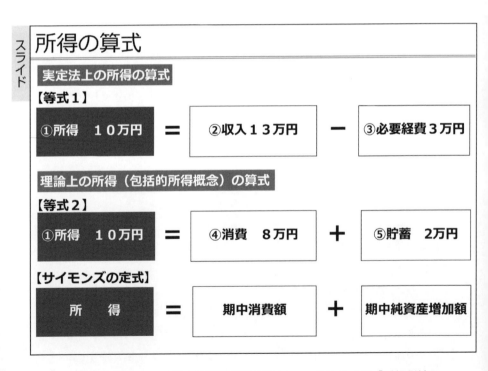

収入金額について定める所得税法36条についてスライド「所得税法36

条（収入金額）」で確認しましょう。

スライド

所得税法36条（収入金額）

利子・配当・給与・退職所得には「収入金額」、付随収入等の存在が珍しくない不動産・事業・山林・譲渡・一時・雑所得については「総収入金額」という語を使用（後者は総収入金額から必要経費を控除して所得金額を算出）

第1項

「別段の定め」（所法39〜44の3等）があればそれを優先。収入金額に①算入する効果と②算入させない効果を有する規定などがある

その年分の各種所得の 金額の計算上**収入金額とすべき金額又は総収入金額に算入すべき金額**は、**別段の定めがあるものを除き**、その年において**収入すべき金額**（金銭以外の物又は権利その他経済的な利益をもって収入する場合には、**その金銭以外の物又は権利その他経済的な利益の価額**）とする。

「収入した金額」ではない
＝権利確定主義
括弧書の場合は2項により、
「享受する時」＝権利確定時？

税法で「価額」という語が、（「取得価額」などの用例ではなく）単独で使われた場合には「時価」ないし「適正な価額」を指すことが多い

第2項

前項の**金銭以外の物又は権利その他経済的な利益の価額**は、**当該物若しくは権利を取得し、又は当該利益を享受する時における価額**とする。

　固定資産の交換の特例を定める所得税法58条等の規定の適用により実現していても認識しないなど一定の場合を除き，資産の交換（基本的には「当事者が互いに金銭の所有権以外の財産権を移転すること」（民586））の場合，つまり物々交換により資産を手放して，代わりに別の資産を手に入れる場合も，所得税法36条の規定により，その別の資産を収入したことになり，所得税の課税対象となります。一般に，暗号資産同士の交換も同様の理屈で，譲渡した暗号資産の含み損益に対する課税がなされます（泉＝藤本・事例100〜103頁）。

2　収入（所得）の計上時期

(1)　収入（所得）の計上時期の基準

　所得税法36条1項は，収入金額の算定方法のみならず，いつの年分の収入金額として課税されるのかというルールも同時に定めています。次

に示すとおり，所得税法はその**年分**の所得に対して課される税金です。昨年や来年に帰属する所得に対して課される税金ではありません。このような課税のタイミング（収入（所得）の計上時期，年度帰属）の問題を確認しましょう。

　収入（所得）の計上時期の基準として，一般に，発生主義，広義の発生主義のうちの権利確定主義，管理支配基準，現金主義が候補として挙げられます（スライド「収入（所得）の計上時期の基準」）。

スライド

収入（所得）の計上時期の基準

あくまで議論の参考であり、実際には色々な見方あり

基準		基準の内容	参考
発 生 主 義		収入が発生した時点	・ 基準として**不明確** 　（**発生とは？**） ・ 収入時点を恣意的に**調整不可** ・ 納税資金の**問題大**
	権利確定主義	収入すべき権利が確定した時点	・ 基準として**明確** ・ 収入時点を恣意的に**調整可** 　（権利確定のタイミングを調整可） ・ 納税資金の**問題小**
管理支配基準		利得を管理支配した時点	・ 基準として**不明確** ・ 収入時点を恣意的に**調整可** ・ 納税資金の**問題小**
現 金 主 義		現実に収入した時点	・ 基準として**明確** ・ 収入時点を恣意的に**調整可** ・ 納税資金の**問題小**

　なお，収入金額に係る収入すべき時期について，通達では，例えば，次のとおり定めています。

●不動産所得

契約又は慣習により支払日が定められているものについてはその支払日，支払日が定められていないものについてはその支払いを受けた日（請求があったときに支払うべきものとされているものについては，その請求の日）（所基通36−5(1)）

●棚卸資産の販売（試用販売及び委託販売を除きます）

棚卸資産の引渡しがあった日。引渡しの日がいつであるかについては，例えば，出荷した日，船積みをした日，相手方に着荷した日，相手方が検収した日，相手方において使用収益ができることとなった日，検針等により販売数量を確認した日等当該棚卸資産の種類及び性質，その販売に係る契約の内容等に応じその引渡しの日として合理的であると認められる日のうち，その者が継続して収入金額に計上することとしている日による（所基通36－8(1)，36－8の2）。

●給与所得

契約又は慣習その他株主総会の決議等により支給日が定められている給与等についてはその支給日，その日が定められていないものについてはその支給を受けた日（所基通36－9）

(2)　権利確定主義

　課税のタイミングについては，所得税法36条1項の文言が「**収入した金額**」とせずに「**収入すべき金額**」としていることに着目して，この「収入すべき金額」とは**実現した収益**，すなわち収入すべき権利の確定した金額であると解されています。つまり，原則として，**権利確定主義が妥当する**と考えられています。

　権利確定主義とは，いわば**外部の世界との間で取引が行われ，その対価を収受すべき権利が確定した時点をもって所得の実現の時期とみる考え方**です（金子宏「所得の年度帰属」同『所得概念の研究』（有斐閣，1995）284頁）。権利確定主義における**収入すべき権利の確定する時期**とは，個別の契約による債務の弁済期（法的手段に訴えて債務の履行を求めうる時期）ではなく，**私法上特別の約定のない場合に収入しうる時期を意味する**ため，例えば，資産の売買契約において譲渡代金を何年かに分割して支払いを受けることとした場合も，現実の収入を待たずに所有権が移転したときに，収入すべき権利が確定し，所得が実現すると解されています（金子・租税法317〜318頁）[※]。

（※）　例えば，**最判昭和40年9月8日刑集19巻6号630頁**は，「所得税法10条1項〔筆者注：現行法36①〕にいう収入すべき金額とは，収入すべき権

利の確定した金額をいい，その確定の時期は，いわゆる事業所得にかかる売買代金債権については，法律上これを行使することができるようになったとき」であると判示しています。

　所得税法36条1項の「収入すべき金額」とは，「収入した金額」との対比で理解するのではない，言い換えれば，権利確定主義以外にも規範的な基準を採用できるという議論を受容しうるような表現です。

　ただし，小規模事業者等の「収入及び費用の帰属時期」について，現金主義の採用を認めたものといわれる所得税法67条は「収入した金額及び支出した費用の額」という表現を採用しています（所令196①，196の3①も参照）。少なくとも，この規定は，所得税法36条1項が現金主義とは一線を画す規範であることを前提としたものといえるでしょう。

　このほか，工事進行基準に関する規定（所法66，所令192③），未実現利得や帰属所得に課税する規定など権利確定主義とは異なる定めが所得税法には存在します。

　通説は，所得の年度帰属については，次の理由から，原則として権利確定主義が妥当するとしています（金子・租税法317頁）。

- 今日の経済取引においては，信用取引が支配的であるから，たとえ現実の収入がなくても，収入すべき権利が確定すれば，その段階で所得の実現があったと考えるのが合理的であること
- 現金主義の下では，租税を回避するため，収入の時期を先に引き延ばし，あるいは人為的にその時期を操作する傾向が生じやすいこと

【雑所得貸倒分不当利得返還請求事件】最判昭和49年3月8日民集28巻2号186頁は，所得税は経済的な利得を対象とするものであるから，究極的には実現された収支によってもたらされる所得について課税するのが基本原則であるところ，権利確定主義について，**常に現実収入のときまで課税できないとしたのでは，納税者の恣意を許し，課税の公平を期しがたいので，徴税政策上の技術的見地から，**収入すべき権利の確定したときを捉えて課税する趣旨であると理解したうえで，この意味において，その権利につき後に現実の支払があることを前提として，所得の

帰属年度を決定するための基準であると位置づけています。

　権利確定主義によれば，基本的には**現実の収入時期よりも早い時期に収入に計上して，納税しなければならないこと**になります。例えば，固定資産の売買取引の場合には，資産を引き渡した際に代金支払請求権が確定的になったと解します。この場合の引渡しを所有権の移転を中心に考えるならば，法的な基準（リーガルテスト）として非常にわかりやすいものですが，現金は手元には入ってきていません。

　他方で，権利確定主義の課税のタイミングは，**資産の値上がり益に課税する場合よりも遅くなります（課税繰延・課税延期）**^{（※）}。しかも，納税者は，含み益のある資産の譲渡を控えて，含み損のある資産を譲渡することでその年の税負担を減らすなど権利の確定ないし所得の実現のタイミングをある程度操作できます。なお，資産が値上がり，値下がりしただけの段階では，その評価損益は課税所得に算入されませんから，その資産の**取得価額も維持**されることにも目配りしておくとよいでしょう（**取得原価主義**）。

（※）　金銭の時間的価値を念頭に置くと，収入の計上を遅らせたり，費用を
　　　早く計上することによる課税繰延は，国に対して利息を支払うことなく，
　　　自由にその分の資金を運用できる点で納税者の利益となります。

(3)　管理支配基準

　通説は，所得の年度帰属について，原則として権利確定主義が妥当するとしつつも，権利の確定という「法的基準」ですべての場合を律するのは妥当でなく，場合によっては**利得が納税者のコントロールの下に入ったという意味での管理支配基準を適用するのが妥当な場合もあること**及び他方で，管理支配基準の適用は，**租税法律関係を不安定にするおそれがあるから，その適用範囲をみだりに拡大しないように注意する必要がある**ことを指摘しています（金子・租税法317〜319頁）^{（※）}。

（※）　この見解は，所得を固有概念に属すると整理したうえで，次のとおり
　　　述べています。

> 「たとえば所得という概念は，固有概念の1つであるが，それは経済
> 上の利得を意味するから，ある利得が所得であるかどうかは，その
> 利得の原因をなす行為や事実の法的評価をはなれて，実現した経済
> 的成果に即して判定すべきである。所得税・法人税は，所得を個人
> または法人の総合的担税力の標識としてとらえ，これに課税するも
> のであるから，合法な利得であるか不法な利得であるか，有効な利
> 得であるか無効な利得であるかを区別せずに，それが個人または法
> 人の担税力を増加させるという事実に着目して所得の意義を決めて
> いくべきであろう。」

なお，中里実『法人税の研究』（有斐閣，2021）268～269頁は，私法を
無視する実質課税を正当化する理由として固有概念論が用いられること
を危惧し，そもそも固有概念論を用いて違法所得が課税されるべきこと
を正当化する必要は必ずしもないことを論じています。

例えば，私法上無効な債権（利息制限法による制限を超過する利息・
損害金，殺人請負契約の報酬金に係るものなど）の場合は，私法上の権
利が確定することはないので，権利確定主義によれば収入を計上するタ
イミングは到来しません。

他方で，**所得とは経済的利得であることを考慮すると，必ずしも法的
に有効に請求ないし保持できるものではないとしても，経済的利益とし
て現実に享受している**のであれば，その享受する時点で収入を計上する
という考え方はありうるでしょう。実質的に純資産が増加している以上，
担税力があるという説明も考えられます。

そこで，権利確定主義ではなく管理支配基準という，より**経済的な又
は事実上の観点**，あるいは必ずしも法的な観点に捉われない基準を登場
させることになります（ただし，法的視覚から，あるいは権利確定主義
に包摂するような観点から管理支配基準を捉える見方がないわけではあ
りません）。つまり，権利が確定していないとしても，利得を管理支配
した時点で収入を計上するというものです[※]。

(※)　違法な原因に基づく収入と相殺の債務の関係について，次のような見
　　　解があります（岡村忠生ほか『租税法〔第4版〕』有斐閣，2023）66～67

頁〔岡村忠生〕)。

> - 借りたお金は借りた人がそれを保有する権利を取得し，管理支配するが，明文の規定はないものの，収入金額とされることはない。収入金額が生じないことの説明として，借入れによる財産増加はそのことにより発生した返済の債務により相殺され，純資産の増加が認められないことが考えられるが，この説明では，収入金額の概念が純資産の増加を含意しており，流入した財貨とそれによって発生した債務（相殺的債務）との相殺計算が暗黙のうちに行われている。
> - 違法な原因に基づいて取得した金銭その他資産も管理支配基準により，収入金額を構成するが，この場合も，財物の返還や損害賠償などの相殺的債務は生じる可能性がある。相殺的債務が確実に発生し，その履行を免れることができない場合，借入れの場合と同様，収入金額は認識できない。

　なお，私法上無効な債権以外でも管理支配基準の適用場面は考えられます。例えば，「農地法所定の知事の許可を法定要件とする農地の所有権移転にあっては，右許可を得て所有権移転の効力が生ずるのであるから原則的には，当該許可の日をもって収益計上の時期とすべき」だが「農地の譲渡に関し，農地法所定の知事の許可がなされる以前にすでに譲渡代金が収受され，所得の実現があったとみることができる状態が生じたときは，その時期の属する年分の収入金額として所得を計算することは，何ら違法と目すべきものではな」く，本件土地については「昭和44年以降に農地法所定の知事の許可がなされてはいるが，昭和43年中に各譲渡代金全額が収受されているのであるから，被告が，右収入金額を本件係争年分の譲渡収入金額に算入したことは適法」であると判断されたことがあります（**名古屋高判昭和56年2月27日訟月27巻5号1015頁**。上告審・**最判昭和60年4月18日訟月31巻12号3147頁**もこの判断を是認）。

II　必要経費

1　必要経費とは

　不動産所得，事業所得，山林所得，雑所得の金額は，総収入金額から必要経費を控除して算出します。

　必要経費とは，**所得を得るために必要な支出**です。課税の対象となる所得（純所得）の計算上，必要経費の控除を認めることは，いわば**投下資本の回収部分に課税が及ぶことを避けることにほかならず，原資を維持しつつ拡大再生産を図るという資本主義経済の要請に沿うもの**であって，このことは，制度的には必要経費の控除，譲渡資産の取得原価の控除等の問題として現われると説明されます（金子・租税法199，320～321頁）。

　他方，これとは異なる角度からの説明もなされています。サイモンズの所得の定式（個人所得＝期中消費額＋期中純資産増加額）を前提とした場合に，収入金額を出発点とする所得計算において除かれるべきものを考えると，期首純資産額に限られず，**純資産を減少させるもので消費に当たらないものは，すべて，所得計算において純資産を増加させる収入金額から控除される金額である**といえます。

　これが必要経費に該当します。必要経費の理論的な意義は，**収入金額のうち所得として課税されるべき部分を限定し，課税対象が理論的な所得額と等しくなるようにすること**にあって，端的にいえば，収入金額のうち所得に当たらない部分を除く点にあるといえます（佐藤・所得税279頁）。

　もっとも，必要経費の制度的な意義を考えると，消費とそうでないものを明確に区別することは難しいものの，**消費との区別を厳格に行い，**かつ，所得の種類ごとに所得の額を計算するという現行所得税法の構造上，**特定の所得類型との結びつきを明らかにする必要がある**ことから，所得を得るための特定の経済活動（所得稼得活動）と**直接の関連を有し**[※]，その経済活動を行うために客観的にみて必要な支出が必要経費

であるとされてきました（佐藤・所得税280頁）。

（※）　一般対応の必要経費の該当性は，当該事業の業務と直接関係を持ち，かつ，専ら業務の遂行上必要といえるかによって判断すべきであるという課税庁側の主張に対して，次のとおり判示した裁判例もあります（**東京高判平成24年9月19日判タ1387号190頁**）。

> 「所得税法施行令96条1号が，家事関連費のうち必要経費に算入することができるものについて，経費の主たる部分が『事業所得を…生ずべき業務の遂行上必要』であることを要すると規定している上，ある支出が業務の遂行上必要なものであれば，その業務と関連するものでもあるというべきである。それにもかかわらず，これに加えて，事業の業務と直接関係を持つことを求めると解釈する根拠は見当たらず，『直接』という文言の意味も必ずしも明らかではないことからすれば，被控訴人の上記主張は採用することができない。」

　上記判示のように法律ではなく政令の文言をそのまま重視するような解釈論は妥当か，「直接」，「間接」という語のいずれを付加する又はいずれも付加しないことによって，実際に必要経費の判断にどのような影響を及ぼすのか，などいろいろと議論のあるところです。

2　所得税法37条の必要経費

　以前は，不動産所得，事業所得，山林所得又は雑所得の金額の計算上，総収入金額から控除される必要な経費とは，仕入品の原価，固定資産の減価償却費，使用人の給料など総収入金額を得るために必要な経費とし，必要経費に算入される項目とその金額の計算が一緒に規定され，極めて雑然としていました（旧所法10②）。この点は，昭和40年度改正で，整備され，要旨次のように改められました（柿谷昭男「所得税法の全文改正について」税経通信20巻7号37頁）。

> ● 山林の譲渡又は譲渡による所得とその他の不動産所得，事業所得及び雑所得とを区分
> ● 不動産所得，事業所得又は雑所得の計算上控除される必要経費には次の2つがあること

① 売上原価その他その総収入金額を得るため直接要した費用（収入に対応する費用）

② その年における販売費，一般管理費その他，これらの所得を生ずべき業務について生じた費用（期間に対応する費用）

● 償却費以外は，その年において債務の確定しない費用（例えば，所得税法の規定によらない任意の引当金への繰入額）は必要経費とならないこと(※)

（※） 引当金については，現在，不動産所得，事業所得又は山林所得を生ずべき事業者に個別的な事情に基づく貸倒引当金，青色申告の事業所得者に対してこれ以外の貸倒引当金と退職引当金繰入額の必要経費算入が認められています（所法52，54）。

現行所得税法は，その年分の不動産所得の金額，事業所得の金額又は雑所得の金額の計算上，必要経費に算入すべき金額は，別段の定めがあるものを除き，次の①及び②の額であるとしています。ただし，事業所得の金額及び雑所得の金額のうち山林の伐採又は譲渡に係る必要経費は別に定められており，雑所得の金額のうち公的年金等に係るものは必要経費ではなく公的年金等控除額を控除します（所法35②一，37）。

① これらの所得の総収入金額に係る売上原価その他当該総収入金額を得るため直接に要した費用の額	② その年における販売費，一般管理費その他これらの所得を生ずべき業務について生じた費用（償却費以外の費用でその年において債務の確定しないものを除く）の額

上記は**必要経費の範囲**と**必要経費の計上時期**（**年度帰属**）の両方について定めるものです。必要経費の範囲について，違法ないし不法な支出も，上記①の原価の額や上記②の業務関連費用に該当し，かつ，別段の定めがない限り，必要経費として控除を認められることになります(※)。

（※） 高松高判昭和50年4月24日行集26巻4号594頁は，仲介手数料のうち，宅地建物取引業法の許容する限度を上回る部分であっても現実に支払われた金額の必要経費算入を認めています。

　ただし，架空の経費を計上するために行う支出のようなもの（脱税工作金）は，収益を生み出すための支出ではないから，そもそも必要な経費にはあたらないと解されています（金子・租税法321頁）。収益を生み出す支出であるかどうかに拘泥すると，適正に申告するための税理士報酬など，必要経費該当性の説明に工夫が必要な支出が出てきます。

3　必要経費の計上時期（年度帰属）

　所得税法37条１項について，「その年分の」，「その年における」という語が使われていることからもわかるように，この規定は，必要経費の範囲に加えて，その計上時期に関しても規律しています。特に，次のような**費用収益対応の原則と期間対応の原則**を取り入れています（昭和40年改正解説28頁）。

費用収益対応の原則	発生した費用のうち，その年分の収入に対応する費用をその年分の費用として認識するという考え方を費用収益対応の原則という。収入の帰属年度が先に決まることを前提として，その収入に対応する費用をこれと同一の年分に計上することになる。
個別対応の原則期間対応の原則	売上原価など収入を得るために直接要した費用については，個別対応の考え方に基づいて計上，すなわち特定の収入と直接的・個別的に対応可能な費用として，その対応する収入が帰属する年分において計上すればよいが，販売費及び一般管理費など収入と個別に対応させることは不可能なものについては，それが発生ないし費消した期間（年分）に，間接的，全体的に対応させる形で費用として計上する。前者のような考え方を個別対応の原則，後者のような考え方を期間対応の原則という。

　所得税法37条１項は，「これらの所得の<u>総収入金額に係る</u>売上原価その他当該総収入金額を得るため直接に要した費用の額」（原価）と「<u>その年における販売費，一般管理費その他これらの所得を生ずべき業務について生じた費用</u>（償却費以外の費用でその年において債務の確定しないものを除く。）の額」（業務関連費用）をその年分の不動産所得等の計算上，必要経費に算入すべき金額であるとしています。このように，不

動産所得等の総収入金額に係る費用，その年において生じた費用となっていますから，それぞれ個別対応と期間対応の考え方が反映されており，いずれも費用収益対応の原則を採用しています。

　また，業務関連費用について，上記2②のとおり，「償却費以外の費用でその年において債務の確定しないものを除く」という債務確定基準が規定されています（直前の「その年における」や直後の債務確定基準は，「販売費，一般管理費その他これらの所得を生ずべき業務について生じた費用」全体にかかっていることに注意しましょう）。このような債務確定基準は，費用をいつの年度に計上するかという計上時期のルールとしての側面と法的に債務の確定しない費用を除外するという意味で業務関連費用の範囲を画するルールとしての側面も有しています。

　債務確定基準については，何をもって債務が確定したかが問題となります。債務の確定の意義について，通達は，次のとおり，①債務成立要件，②具体的給付原因事実発生要件，③合理的算定可能要件という3要件を定めています。現実に債務を支払ったかどうかで判定しているわけではありませんので，未払いの費用でも債務として確定していればその年分の必要経費に算入できることになります。

◆所得税基本通達

（必要経費に算入すべき費用の債務確定の判定）

37-2　法第37条の規定によりその年分の不動産所得の金額，事業所得の金額，山林所得の金額又は雑所得の金額の計算上必要経費に算入すべき償却費以外の費用で，その年において債務が確定しているものとは，別段の定めがあるものを除き，次に掲げる要件の全てに該当するものとする。

(1)　その年12月31日（年の中途において死亡し又は出国をした場合には，その死亡又は出国の時。以下この項において同じ。）までに当該費用に係る債務が成立していること。

(2)　その年12月31日までに当該債務に基づいて具体的な給付をすべき原因となる事実が発生していること。

(3)　その年12月31日までにその金額を合理的に算定することができるものであること。

　修繕費を例に挙げると，①修繕業者との契約によって債務が成立し，②業者が実際に修繕を完了し，③債務の額が合理的に算定可能であれば債務として確定したことになります。所得税の通達は売上原価等についてもその年において債務として確定していることを要求していますが（所基通37－1），法文上，売上原価等については債務確定基準が求められていないのですから，この通達は改正又は廃止を検討すべきでしょう。

　なお，収入との対応を観念しがたい資産損失に係る必要経費については，損失の生じた日の属する年分に算入されることになります（所法51）（資産損失については後記7）。

4　棚卸資産・有価証券・暗号資産の原価等

　資産^(※)のうち棚卸資産（所法2①十六，所令3），有価証券（所法2①十七，所令4），暗号資産（所法48の2①）については，売上原価又は譲渡原価及びその評価の方法と題して，互いに似たような規定が用意されています。

（※）　岡村忠生ほか『租税法〔第4版〕』（有斐閣，2023）81頁〔岡村忠生〕は，資産という語は，財産や富を想起させるが，租税法や会計では，債務負担を含む支出は行われたものの，費用収益対応の原則から，費用控除や費用認識が認められない状態にある金額（未費消原価）を意味する，つまり，資産とは，その年度に控除できなかった支出であり，将来の費用であり，同一の支出があるとき，資産が増加すれば，税負担は重くなるとしています。

　例えば，棚卸資産につき所得税法37条1項によりその者の事業所得の金額の計算上，必要経費に算入する金額を算定する場合におけるその算定の基礎となるその年12月31日において有する棚卸資産（期末棚卸資産）の価額は，納税者が選定した評価の方法により評価した金額とされており，評価方法，選定手続，取得価額等が政令に定められています（所法47，所令99～104）。

　これらの規定（及び所得税法51条）によれば，棚卸資産を譲渡した場合の原価のほか，災害・盗難・紛失等による損失は，「**期首棚卸資産評**

価額　＋　当年中仕入額　－　期末棚卸資産評価額」という算式によっ
て必要経費に算入されることを予定していると解することができます。

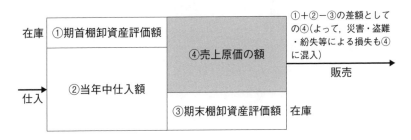

5　減価償却費

　建物，機械及び装置等の固定資産は，時の経過や使用などのために
徐々に資産価値を減少させつつ，収益に貢献することを考慮すると，そ
の取得費用に係る必要経費は，取得時に一度に計上するのではなく，使
用によって得られる収益に対応する形で使用期間に配分すべきです。

　この方法を減価償却といいます。所得税法では，税負担の公平を図る
見地から，減価償却資産の範囲だけでなく，定額法や定率法といった減
価償却の方法，その選定手続や計算の基礎となる取得価額などに関する
事項を細かく定めています（所法49，所令120以下，所規24以下，減価
償却資産の耐用年数等に関する省令等）（注解所得税法研究会・注解
1107頁）。減価償却費の必要経費算入自体は納税者の選択ではなく，こ
れらの定めに従って強制的に算入されるものです。

　減価償却資産とは，不動産所得や雑所得の基因となり，又は不動産所
得，事業所得，山林所得もしくは雑所得を生ずべき業務の用に供される
棚卸資産，有価証券及び繰延資産以外の所定の資産です。

　これには，建物，構築物，機械及び装置，船舶，車両及び運搬具，工
具，器具及び備品といった有形固定資産のほか，特許権，ソフトウェア，
営業権などの無形固定資産，牛，果樹などの生物が該当します。ただし，
一定の美術品や骨とう品など時の経過によりその価値の減少しないもの
は減価償却資産には該当しません（所法２①十九，所令６，所基通２－

14）。

　このほか，取得価額が10万円未満であるものや使用可能期間 1 年未満
であるものは，即時に全額を必要経費に算入できるなどの定めや，政策
的理由により早期の償却を認める特別償却の制度なども用意されていま
す（所令138，139，措法10の 3 等）。

6　家事費・家事関連費等

　個人は，所得稼得活動のほかに，それ以外の消費活動を行っているた
め，ある支出が所得を稼得するための必要経費なのか，所得稼得活動と
は関係なく支出した飲食費，遊興費，通信費などそれ以外の単なる消費，
つまり**家事費（家事上の経費）**なのか，必要経費と家事費の両方の性質
を有する**家事関連費（家事上の経費に関連する経費）**なのかが判然とし
ないことがあります。

　所得税法45条 1 項 1 号は，①家事上の経費と，②家事関連費で政令で
定めるものを必要経費に算入しないことを定めています。これを受けて，
政令では，次の❶と❷の経費以外を家事関連費と定めています（所令
96）。

❶　家事関費の主たる部分が不動産所得，事業所得，山林所得又は雑所得を生ずべき業務の遂行上必要であり，かつ，その必要である部分を明らかに区分することができる場合における当該部分に相当する経費	❷　左記❶のほか，青色申告書を提出することにつき税務署長の承認を受けている居住者に係る家事上の経費に関連する経費のうち，取引の記録等に基づいて，不動産所得，事業所得又は山林所得を生ずべき業務の遂行上直接必要であったことが明らかにされる部分の金額に相当する経費

　つまり，上記❶と❷は必要経費に算入されるということです。通達は，
上記下線部分について，いずれも，業務の内容，経費の内容，家族及び
使用人の構成，店舗併用の家屋その他の資産の利用状況等を総合勘案し
て判定するとしています（所基通45− 1 ）。

また，上記❶の「主たる部分が不動産所得，事業所得，山林所得又は雑所得を生ずべき業務の遂行上必要」であるかどうかは，その支出する金額のうち当該業務の遂行上必要な部分が50％を超えるかどうかにより判定するとし，ただし，当該必要な部分の金額が50％以下であっても，その必要である部分を明らかに区分することができる場合には，当該必要である部分に相当する金額を必要経費に算入して差し支えないとしています（所基通45－2）。

　結局，上記通達の取扱いも踏まえると，青色申告者であっても，白色申告者であっても，**家事関連費のうち業務の遂行上必要である部分を明らかに区分することができるものの額を必要経費に算入できる**という取扱いになっています。例えば，店舗兼住宅，仕事場兼住宅の場合には，水道光熱費，保険料，家賃，修繕費，通信費，固定資産税等の家事関連費を，使用面積や使用時間など個別の事情に応じて合理的な基準で按分して必要経費に算入することが認められています。

　所得税法45条は，このほか，所得税，住民税，加算税，罰金，科料，課徴金，公務員に対する賄賂^(※)，不動産所得，事業所得，山林所得又は雑所得を生ずべき業務に関連して故意又は重大な過失により他人の権利を侵害したことなどにより支払う損害賠償金，確定申告をしていない又は隠蔽仮装行為に基づいて申告を行っている場合で帳簿書類や取引先への税務調査で取引等の確認ができない帳簿に計上していない簿外経費が必要経費に算入されないことを定めています（所令96～98の2，所基通45－6，45－7等）。これらの一部は，一時所得の金額の計算上，支出した金額にも算入されません（所法45④）。

（※）　平成18年度税制改正で公務員に対する賄賂を損金不算入とする規定を法人税法に明記した際，税負担減少のための隠蔽仮装行為に要する費用等を損金不算入とする規定も整備されました。所得税法では同年度改正で前者の賄賂を必要経費に算入しないことが明記されましたが，後者の費用については整備されず，解釈論に委ねられていることになります。

　参考として，自己が居住する住宅を利用して住宅宿泊事業法に規定する住宅宿泊事業（民泊）に係る必要経費について，国税庁「住宅宿泊事

業法に規定する住宅宿泊事業により生じる所得の課税関係等について
（情報）」（H30.6.13）の「3　必要経費の計算例①（水道光熱費等）」は
次のとおり回答しています。

問　住宅宿泊事業による所得金額を計算する場合，必要経費として計上
　する水道光熱費はどのように算出すればよいでしょうか。

答
　住宅宿泊事業における水道光熱費や通信費のように，一つの支出が業
務用部分と生活用部分の両方に関わりがある費用を家事関連費といいま
す。
　この家事関連費のうち必要経費に算入することができる金額について
は，取引の記録等に基づいて，業務の遂行上直接必要であった部分が明
らかに区分できる場合のその部分に相当する金額に限られます。
　この区分については，業務の内容や資産の利用状況などを総合勘案し
て判断することになり，例えば以下のように，住宅宿泊事業における届
出書等に記載した事業に利用している部分の床面積の総床面積に占める
割合や実際に宿泊客を宿泊させた日数を基にするなど，合理的な方法に
より按分して計算する必要があります。
【水道光熱費の区分計算例】
○　住宅宿泊事業の状況
　①　住宅宿泊事業に利用した住宅で支出した水道光熱費の年間合計額
　　　240,000円
　②　住宅宿泊事業に利用した住宅の床面積　180㎡
　③　②のうち，主に住宅宿泊事業に利用している部分の床面積　60㎡
　④　1年間で実際に宿泊客を宿泊させた日数　90日

《計算例》
240,000円　×　60㎡／180㎡　×　90日／365日
＝19,7219,727円（必要経費に算入する水道光熱費の金額）
※1円未満の端数が発生する場合は，切り上げして差し支えありません。

　なお，「不動産所得が資産所得であり，事業所得はいわば資産，勤労
結合の所得であるところから，その所得の内容を吟味し，その所得がほ

とんど又はもっぱら不動産等を利用に供することにより生ずるものである場合には不動産所得，不動産等の使用のほかに役務の提供が加わり，これらが一体となった給付の対価という性格をもつ場合には事業所得（又は場合により雑所得）」に該当すると解されています（注解所得税法研究会・注解428〜429頁）。

　上記の国税庁の回答も「住宅宿泊事業は，宿泊者の安全等の確保や一定程度の宿泊サービスの提供が宿泊施設の提供者に義務付けられており，利用者から受領する対価には，部屋の使用料のほか，寝具等の賃貸料やクリーニング代，水道光熱費，室内清掃費，日用品費，観光案内等の役務提供の対価などが含まれていると考えられ，この点において，一般的な不動産の貸付け（賃貸）とは異なる」などの観点から，民泊は原則として雑所得に区分されるとしています（上記国税庁情報「1　所得区分」）。

　また，上記国税庁情報の「4　必要経費の計算例②（減価償却費）」は，次のとおり，業務用と生活用の両方で使用している場合に減価償却費を按分する方法を説明しています。

　問　住宅宿泊事業による所得金額を計算する場合，必要経費として計上する減価償却費はどのように算出すればよいでしょうか。

答
　減価償却とは，減価償却資産の取得に要した金額を一定の方法によって各年分の必要経費として配分していく手続です。
　建物や建物附属設備などの資産は，一般的には1年以上の期間にわたり使用できるものであり，その価値は，時の経過等によって減少していくものです。このような資産を減価償却資産といいます。
　減価償却資産の取得に要した金額は，取得した時に全額必要経費になるのではなく，その資産の使用可能期間の全期間にわたり分割して必要経費とすることとなり，この使用可能期間に当たるものとして法定耐用年数が財務省令の別表に定められています。
　また，その減価償却資産に業務用で使用する部分と生活用で使用する

部分が混在する場合には，業務用で使用する部分に限り必要経費に算入することができ，その按分については，業務の内容や資産の利用状況などを総合勘案して判断することになります。

　住宅宿泊事業については様々な形態が考えられますが，必要経費として計上する減価償却費については，例えば…住宅宿泊事業における届出書等に記載した事業に利用している部分の床面積の総床面積に占める割合や住宅宿泊事業を行っていた日数を基にするなど，合理的な方法により按分して計算する必要があります。

※　減価償却費の計算方法等の詳細については，タックスアンサー2100をご覧ください。

https://www.nta.go.jp/taxes/shiraberu/taxanswer/shotoku/2100.htm

【家屋に係る減価償却費の区分計算例（平成31年分）】
○　家屋の状況
　①　取得価額　18,000,000円　　②　取得年月日　平成20年1月
　③　構造木造（耐用年数22年，償却率0.046）
　④　期首（平成31年1月1日）における未償却残高12,475,800円
　※　未償却残高がない場合，減価償却費は必要経費に算入できません。
　　（《参考》をご参照ください。）

○　住宅宿泊事業の状況
　①　住宅宿泊事業に利用した住宅の床面積　180㎡
　②　①のうち，主に住宅宿泊事業に利用している部分の床面積　60㎡
　③　1年間で住宅宿泊事業を行っていた月数（開業期間）　10ヶ月
《計算例》
18,000,000円　×　10ヶ月／12ヶ月　×　0.046　×　60㎡／180㎡
＝　230,000円
※　1円未満の端数が発生する場合は，切り上げして差し支えありません。

《参考》
　減価償却資産を生活用から業務用に転用した場合の期首における未償却残高は次のように計算します。

$$\left[\begin{array}{c}\text{減価償却資産}\\\text{の取得価額}\end{array}\right]-\left[\begin{array}{c}\text{減価償却資産の耐用年数を}\\\text{1.5倍した年数（1年未満の}\\\text{端数は切り捨て）に基づき}\\\text{旧定額法で計算した金額}\end{array}\right]\times\left[\begin{array}{c}\text{非業務用期間の年数}\\\text{（6ヶ月以上は1年）}\end{array}\right]$$

（上記の例の場合【旧定額法】）

18,000,000円 － （18,000,000円 × 0.031 × 0.9 × 11年）

＝12,475,800

⇒ 未償却残高があるため，減価償却費の計上が可能

※ 上記例の「0.031」は，耐用年数22年を1.5倍した33年の償却率です。

　また，実際に必要経費に算入する減価償却費を計算する場合には，耐用年数を1.5倍する必要はありません。

7 損　　失

　法人税法では，所得税法の必要経費に対応する「損金」に係る基本規定の中に，損失を含めています（法法22③三）。そうすると，所得税法37条1項には，損失の規定が抜けていることが際立ちます。ただし，別段の定めとして，損失の規定が所得税法51条に用意されています。このように所得税法が必要経費に算入する損失の範囲や金額に関して別段の定めに委ねている理由として次の点を挙げることができます（佐藤英明「個人事業主が犯罪によって受けた損失の扱い」税務事例研究97号31～32頁）。

- ●個人は法人と異なり所得稼得活動のほかに消費活動を行っているため，ある個人に生じた損失がこのどちらの活動に関わるものかによって扱いを変える必要がある。
- ●損失を生じる活動や事件は所得稼得活動との結びつきが必ずしも一般的に強いとはいえない。
- ●所得分類を有する所得税法においては損失がどの所得分類に係る収入と対応するかを判断する必要がある。

　所得税法51条は37条以外の規定で必要経費の算入を認める規定であり，

① 事業用固定資産や繰延資産について，取り壊し，除却，滅失（当該
資産の損壊による価値の減少を含みます）その他の事由により生じた
損失

② 不動産所得，事業所得又は山林所得を生ずべき事業について生じた
売掛金等の債権の貸倒損失

③ 不動産所得もしくは雑所得を生ずべき業務の用に供され又はこれら
の所得の基因となる資産の損失

等を必要経費に算入することを定めています（スライド「資産損失の取
扱い」）。

資産損失の取扱い

（出典）注解所得税法研究会編・注解1112-1113頁を基に筆者作成

所得を生む基因となる業務用の資産の損失は収入に対する必要経費と捉え，①②の損失は必要経費算入。生活用資産との中間に位置する③の損失は，事業用資産とはいえないが所得を生んでいることを考慮して必要経費算入

個人が有する資産 （所得の創出に対する寄与の態様別）	資産損失（資産に被った財産的損失）の取扱い
業務用の資産　①事業用資産 （事業的規模不動産所得、事業所得、 山林所得用の固定資産・繰延資産）	任意の取壊しも含めて、損失原因を問わず、必要経費算入。必要経費の控除なので雑損控除と異なり時価ベースではなく簿価ベースの損失額（既に必要経費に算入された償却累計額は控除）（所法51①、所令140、142一・三）。
②事業上の債権 （事業的規模不動産所得、事業所得、 山林所得上の債権）	貸倒れ、販売商品返戻・値引、保証債務求償権行使不可、無効、取消しに係る損失の必要経費算入（所法51②、所令141）
③事業と称するに至らない 業務用資産 （業務的規模不動産所得、雑所得用の資産） 例：小規模の貸家、知人に対する貸金	無制限の損失は認めないが、その年にその資産から所得が生じている場合には、その限度で簿価ベースの損失額を必要経費算入（所法51④、所令142一・三）。災害・盗難・横領による損失は、実務上、雑損控除との選択適用を認めている（所法72、所基通72-1）
④生活用資産	災害・盗難・横領というやむをえない事由による損失に限って、担税力の減殺を考慮して、所得控除として時価ベース（一定の資産については選択で簿価ベース）の雑損控除（所法72、所令206③）

所得を生む基因とならない生活用資産の損失は収入に対する必要経費とはならないが、担税力の減殺要因として所得控除を認める。ただし、生活に通常必要でない資産の損失は譲渡所得の金額の計算上控除（所法62）

・災害・盗難・横領による山林の損失は、山林の特殊性を考慮して、事業所得、山林所得の必要経費算入（所法51③、所令142二、所基通51-5の2）。この山林と、上記①③の資産について盗難又は横領による損失が生じた場合において、当該盗難又は横領に係る資産の返還を受けたときは、遡及して各種所得の金額を訂正（所基通51-8）
・棚卸資産の災害・盗難・横領等の損失は原価として必要経費算入（所法37①、47）

スライド

8　親族等に対する対価の支払い

(1) 所得税法56条

　所得税法は，納税者が，事業に関連して，自分の親族を雇用して給与
を支払ったり，親族から不動産やお金を借りて賃貸料や利子を支払った

場合に，これらをその納税者の必要経費に算入せず，逆に，不動産に係る保険料など所有者であるその親族の側で算入されるべき必要経費をその納税者の側で必要経費として算入することなどを原則としています。

つまり，居住者と生計を一にする配偶者その他の親族が，その居住者の営む不動産所得，事業所得又は山林所得を生ずべき事業に従事したことその他の事由により^(※1)，その事業から対価の支払いを受ける場合には，その対価相当額は，**その居住者のその事業に係る上記各種所得の金額の計算上，必要経費に算入されません**。同時に，その対価の支払いを受けた親族については，その親族のその対価に係る各種所得の金額の計算上，必要経費に算入されるべき金額は，その親族ではなく，**その居住者のその事業に係る上記各種所得の金額の計算上，必要経費に算入します**。その親族が支払いを受けた対価の額及びその親族のその対価に係る各種所得の金額の計算上，必要経費に算入されるべき金額は，**その親族のその各種所得の金額の計算上ないものとみなされます**（所法56）^(※2)。

(※1)　弁護士業を営む納税者が税理士業を営む妻に対して，顧問税理士契約に基づく税理士報酬等を支払った場合に，同条により必要経費算入が認められないかが争われた**【弁護士税理士夫婦事件】**において，**東京地判平成15年7月16日判時1891号44頁**は，所得税法56条の「従事したことその他の事由により当該事業から対価の支払を受ける場合」という要件の意義について，次のとおり限定的な解釈を示しました。

> 「親族が，事業自体に何らかの形で従たる立場で参加するか，又は事業者に雇用され，従業員としてあくまでも従属的な立場で労務又は役務の提供を行う場合や，これらに準ずるような場合を指し，親族が，独立の事業者として，その事業の一環として納税者たる事業者との取引に基づき役務を提供して対価の支払を受ける場合については，同条の上記要件に該当しない」

控訴審・**東京高判平成16年6月9日判時1891号18頁**は，次のとおり判示して，上記東京地判の解釈を採用しませんでした。

> 「親族が，事業自体に何らかの形で従たる立場で参加する場合，事業者に雇用されて従業員としてあくまでも従属的な立場で労務又は役務の提供を行う場合及びこれらに準ずるような場合のみを指

> すものと解することはできず，親族が，独立の事業者として，その事業の一環として納税者たる事業者との取引に基づき役務を提供して対価の支払を受ける場合も，上記要件に該当するものというべきである。上記事業の形態がいかなるものか，事業から対価の支払を受ける親族がその事業に従属的に従事しているか否か，対価の支払はどのような事由によりされたか，対価の額が妥当なものであるか否かなどといった個別の事情によって，同条の適用が左右されるものとは解されない。」

　上告審・最判平成17年7月5日税資255号順号10070は，後述する【弁護士夫婦事件】の最判平成16年を参照して，「居住者と生計を一にする配偶者その他の親族が居住者とは別に事業を営む場合であっても，そのことを理由に所得税法56条の適用を否定することはできず，同条の要件を満たす限りその適用があるというべきである」と判示しています。

（※2）　以下で確認するような事件を素材として，そもそもこの規定が時代に適合していないのではないかという議論をすることが可能です。このほか，親族の資産を無償で事業の用に供している場合の取扱い（所基通56-1）や，雑所得の場合にも56条の適用ないし類推適用があるとする実務上の取扱いについて，なお議論の余地があるでしょう。

　上記のような個人事業主による生計を一にする親族への支払いを必要経費に算入しないとする必要経費の特則は，**親族間の恣意的な所得分割**[※]**による租税回避を防止する**ためのものであると説明されます（ただし，租税回避目的の存在は実定法に要件として明記なし）。

　租税回避目的がなくとも，また，互いに独立した職業を営んでいる同士の間でも所得税法56条の規定が発動してしまうことに疑問が提起されていますが，現行の規定内容をみる限り，このような疑問は解釈ではなく立法で解決すべきでしょう。

　ただし，給与については，後述する青色事業専従者と事業専従者の特例があります（青色事業専従者又は事業専従者は，配偶者控除又は扶養控除の対象となる配偶者又は扶養親族に該当しないことになります。所法2①三十三，三十四）（スライド「所得税法56条とその特例」）。

所得税法56条とその特例

Bから賃借した不動産の減価償却費や
災害損失等もAの必要経費に算入

原則（所法56）

Aの必要経費に不算入
Bの収入金額に不算入

あたかもBが存在しな
いかのような法律効果
（ただし給与所得控除
はAもBも適用なし）

Aの必要経費に算入
Bの必要経費に不算入

給与・不動産賃貸料等の支払い

事業に従事・不動産賃貸

不動産に係る
保険料の支払い

保険
会社

個人事業者A　特例と異なり、
事業に従事以外も対象

**Aと生計を一にする
配偶者その他の親族B**

所定の要件を満たせば、給与の支払
の有無にかかわらず、所定の金額が
必要経費・収入金額とみなされる

所定の要件を満たせば、一定
金額までは給与の支払金額を
必要経費・収入金額に算入

特例・事業専従者給与（所法57③）

所定の金額を必要経費に算入
同金額をBの収入金額に算入

特例・青色事業専従者給与（所法57①）

Aの必要経費に算入
Bの収入金額に算入

青色専従者給与

事業に専ら従事

事業に専ら従事

白色個人事業者A　Aと生計を一にする15歳以上
の配偶者その他の親族

青色個人事業者A　Aと生計を一にする15歳以上
の配偶者その他の親族

（※）　所得税法56条の前身たる規定はシャウプ勧告に基づく昭和25年の改正
で創設されたものです。同勧告は，同居親族の全員の所得を合算し，累
進税率を適用する当時の所得税法の措置は，形式的には伝統的な日本の
家族制度に従うものの，税負担の不公平な分配となり納税道徳が悪化す
る，大世帯を小世帯に分解する人為的誘因をなしているなどの問題点を
指摘し，次のとおり勧告しています（シャウプ使節団・Ⅰ巻73～74頁）。

「同居親族の所得合算は，これを廃止して各納税者が独立の申告書を
提出し，他の所得と合算することなく各人の所得額に対する税額を
別々に納めさせるように勧告する。」

「しかし，この個別申告制にある程度の制限を設けておかないと，要
領のよい納税者は，配偶者または子供に財産およびこれから生ずる
所得を譲渡することによって税負担を軽減しようとするから，相当
の問題の起ることが予想される。同様にして，かれらは，妻子を同
族の事業に雇用して，これに賃銀を支払うという抜け道を講ずるで
あろう。納税者と同居する配偶者及び未成年者の資産所得はいかな

る場合にも納税者の申告書に記載させ合算して課税することによってこの種の問題は避けられるのであるが，これは個人申告の原則を大して犠牲にするものとはいえまい。同様にして，納税者の経営する事業に雇用されている配偶者及び未成年者の給与所得は，納税者の所得に合算させるようにすべきである。」

　このようにシャウプ勧告は，世帯単位での所得を合算することをやめて個人単位で課税することを勧告しつつ，「要領のよい納税者」による**所得分割を防ぐために個人単位課税の例外措置を設けるべき場合がある**としています。

　なお，今後は，家族が民法上の組合を作り，共同で一定の経済活動を行い，所得を得るなど法的な仕組みを使って家族内で所得を分割する試みが重要な問題となるといわれています（佐藤・所得税43頁）。

　弁護士である夫（原告・控訴人・上告人）が，別の場所で開業している弁護士である妻に対して支払った弁護士報酬に対して所得税法56条の適用があるか，適用がある場合に憲法14条1項に反するかが争われた**【弁護士夫婦事件】**があります。

　最判平成16年11月2日集民215号517頁は，所得税法56条及び57条の趣旨や関係等も含めて，要旨次のとおり判示しています。

- 事業を営む居住者と密接な関係にある者がその事業に関して対価の支払いを受ける場合にこれを居住者の事業所得等の金額の計算上必要経費にそのまま算入することを認めると，納税者間における税負担の不均衡をもたらすおそれがあることなどが，所得税法56条の趣旨である。
- このような趣旨及びその文言に照らせば，居住者と生計を一にする配偶者その他の親族が居住者と別に事業を営む場合であっても，そのことを理由に同条の適用を否定することはできず，同条の要件を満たす限りその適用がある。
- 同条のこのような立法目的は正当であり，同条が定めている要件について，適用の対象を明確にし，簡便な税務処理を可能にするためであって，立法目的との関連で不合理であるとはいえない。
- 所得税法57条は，56条の定めを前提に，個人で事業を営む者と法人組織で事業を営む者との間で税負担が不均衡とならないようにすることなどを考慮して設けられた規定である。

- 所得税法57条の上記の趣旨及び内容に照らせば，所得税法が57条の定める場合に限って56条の例外を認めていることについては，それが著しく不合理であることが明らかであるとはいえない。
- 本件課税処分は，所得税法56条の適用を誤ったものではなく，憲法14条1項に違反するものではない。

⑵　青色事業専従者

　青色申告者である居住者の場合には，その年12月31日現在の年齢が**15歳以上の生計を一にする配偶者その他の親族**で，原則として，**その年を通じて6か月を超える期間**，その青色申告者の営む上記**各事業に専ら従事するもの（青色事業専従者）が給与の支払いを受けた場合**には，その給与の金額は，その居住者のその給与の支給に係る年分のその事業に係る上記各所得の金額の計算上，**必要経費に算入される**とともに，その**青色事業専従者**のその年分の給与所得に係る**収入金額**とされます。

　この場合の給与は，期限までに税務署長に提出した青色事業専従者給与に関する届出書（青色事業専従者の氏名，職務の内容，給与の金額，支給期などが記載されたもの）に記載されている方法により，かつ，記載されている金額の範囲内で支払われなければなりません。

　給与の金額は，次の状況に照らして，その労務の対価として相当であると認められるものに限られており，過大部分については必要経費に算入されません（所法57①②⑦⑧，所令164，165，所規36の4）。なお，退職給与についてはこの規定の対象ではないと考えられています。

- その労務に従事した期間，労務の性質，提供の程度
- その事業の種類，規模，収益の状況
- その事業に従事する他の使用人が支払いを受ける給与の状況及びその事業と同種の事業でその規模が類似するものに従事する者が支払いを受ける給与の状況

　他に職業を有する者（その職業に従事する時間が短い者その他当該事業に専ら従事することが妨げられないと認められる者を除きます）などについては，一定の期間が事業に専ら従事する期間にカウントされませ

ん（所令165②）。

(3)　事業専従者

　白色申告の居住者については，その年12月31日現在の年齢が15歳以上の生計を一にする配偶者その他の親族で，原則として，その年を通じて6か月を超える期間，その居住者の営む上記各事業に専ら従事するもの（**事業専従者**）がある場合において，確定申告書にこの規定の適用を受けること等を記載するときは，**次の①又は②のいずれか低い金額がその居住者のその年分の上記各所得の金額の計算上，必要経費とみなされます**。

　必要経費とみなされた金額は**各事業専従者の給与所得に係る収入金額とみなされます**（所法57③④⑤⑧，所令165）。

① 事業専従者がその者の配偶者であれば86万円，そうでなければ事業専従者1人につき50万円	② ①の控除をする前の上記各事業の所得の金額を事業専従者の数に1を足した数で割った金額

　実際に支給した金額は問われていませんので注意してください。

第10章　事業所得

Ⅰ　事業とは

　事業所得とは，**個人が営む事業から生ずる所得**です[※]。法人成り（法人を設立）せずに個人で商店を経営している者や，特定の企業等に属さないフリーランスと呼ばれる者が個人事業者として事業所得者に該当します。ただし，その規模が大きくないなどの場合には，その所得は雑所得に該当します。事業所得の金額は，総収入金額から必要経費を控除して算出します（所法27②）。

[※]　事業所得と他の所得との関係では，例えば，事業用資金の預金に係る利子は利子所得，事業の関係上，取得した株式に係る配当は配当所得になりますので注意しましょう。

　事業所得とは，農業，漁業，製造業，小売業，サービス業，その他の事業で政令で定めるものから生ずる所得（山林所得又は譲渡所得に該当するものを除きます）です（所法27①）。これを受けて所得税法施行令63条は，いくつかの代表的な業種を挙げつつ，その12号で「前各号に掲げるもののほか，対価を得て継続的に行なう事業」という包括的な定めを設けています。それでは，「事業」とはどのような意味でしょうか。上記の包括的な定めは手掛かりになりますが，事業そのものの意義を定めているわけではありません。

　【弁護士顧問料事件】最判昭和56年4月24日民集35巻3号672頁（第11章Ⅳ）は，次のとおり判示しています。

> 「事業所得とは，自己の計算と危険において独立して営まれ，営利性，有償性を有し，かつ反覆継続して遂行する意志と社会的地位とが客観的に認められる業務から生ずる所得」をいう。

　上記は，事業所得と給与所得との区分の文脈で述べられたものですが，事業所得（又は雑所得）と給与所得を区分する実益として，一般論として次の点を挙げることができます。

- 事業所得者は収入から必要経費として実額経費を控除するが，給与所得者は，原則として，概算経費的な給与所得控除を引いて所得を算出
- 給与の支払いをする者（個人・法人）には支払いの際に源泉所得税を徴収する義務が生じる（事業所得となる一部の報酬についても同様）
- 事業所得者に対する報酬の支払いについては消費税の仕入税額控除を適用できるが，給与所得者に対する給与の支払いについてはこれができない

　事業所得の意義について，**事業所得そのものの規定から導くアプローチにも限界があるため，後でみるとおり，他の所得と比較することで理解を進めていくアプローチ**が有効です。

Ⅱ　事業所得と青色申告

　青色申告者の場合は，純損失の繰越控除・繰戻還付が可能となり（第8章Ⅳ），貸倒引当金繰入額の必要経費算入（第9章Ⅱ2），青色申告専従者給与の必要経費算入（第9章Ⅱ8(2)）などの特典がありますが，このほかにも青色申告特別控除10万円を不動産所得，事業所得又は山林所得の金額から控除することができます（青色申告制度については**第4章Ⅲ2**）。

　青色申告特別控除額は，次の①～④の要件をすべて満たしている場合には，55万円（e-Taxや電子帳簿保存[※]を利用している場合は65万円）となります。ただし，青色申告者で不動産所得又は事業所得に係る業務の収益と費用につき，現金主義を選択している場合には，55万円又は65万円の控除は適用できません。なお，いずれも控除額は所得金額が限度となります（措法25の2，措規9の6）。

（※）　国税関係帳簿又は国税関係書類の全部又は一部について，自己が最初

の記録段階から一貫して電子計算機を使用して作成する場合には，一定の要件の下で，それらの電磁的記録の備付け及び保存をもって当該帳簿又は書類の保存に代えることができます（電帳法4①②，5①②）。仕訳帳及び総勘定元帳について優良な電子帳簿の要件を満たし，かつ，一定の届出書を提出することで控除額が65万円となります（措法25の2④，電帳法8④，電帳規5①）。

---

① 不動産所得又は事業所得を生ずべき事業を営んでいるこれらの所得に係る取引を正規の簿記の原則（一般的には複式簿記）により記帳
② 上記①に基づいて作成した貸借対照表及び損益計算書を確定申告書に添付
③ 確定申告書に控除の適用を受ける金額を記載
④ 確定申告書を法定申告期限内に提出

　青色申告特別控除は，青色申告の一層の普及・奨励を図り，適正な記帳慣行を確立し，申告納税制度の実を上げるとともに事業経営の健全化を推進する観点から設けられています。

　平成30年度税制改正において，給与所得控除の最低保障額が65万円から55万円に引き下げられることに伴い，取引の内容を正規の簿記の原則に従って記録している者に係る青色申告特別控除の控除額を55万円（改正前：65万円）に引き下げることとされ，別途，電子帳簿保存制度等の利用のインセンティブ措置として65万円の控除制度が導入されたものです（平成30年改正解説140頁以下）。

　また，青色申告者である中小企業者は特別な減価償却費の計上など各種の特例を適用できます（措法10⑧六，10の3，措令5の3⑨等）。

Ⅲ　譲渡所得，事業所得，雑所得の区分に係る判断基準

　資産の譲渡による所得は，譲渡所得にもなりえますし，事業所得や雑所得にもなりえます。例えば，個人で商店を営んでいる場合，商品という資産（事業所得を生ずべき事業に係る商品等の「棚卸資産」。所法2

①十六，所令3）を売っているわけですから，それは資産の譲渡による所得となりそうです。

　この意味で，譲渡所得にいう「資産」の意味は広いといえます。ただし，事業所得と譲渡所得の区別について，「たな卸資産」とこれに準ずる資産の譲渡その他営利を目的として継続的に行われる資産の譲渡による所得は譲渡所得から除かれています（所法33②一）。

　このような取扱いの背後には，資産の譲渡による所得の分類については，一般論としては，所有者の意思によらない外部的条件の変化に起因する資産価値の増加は譲渡所得にあたり，所有者の人的努力と活動に起因する資産価値の増加は事業所得や雑所得にあたるという理解が存在します（金子・租税法271頁）。

　譲渡所得と，事業所得又は雑所得の区分については，裁判例は，上記の営利を目的として継続的に行われる資産の譲渡であるかは，種々の事情を総合的に判断すべきであるとし，その具体的な考慮事情として，譲渡の経緯，期間，回数，数量，金額，相手方のほか，資金繰り，事業所等，広告・宣伝等の方法，保有目的，譲渡資産の取得及び保有の状況，譲渡者の職業等を挙げて，営利目的で継続的に行っているのであれば事業所得又は雑所得であると判断しています（名古屋地判昭和46年12月10日行集22巻11＝12号1892頁，横浜地判昭和50年5月6日訟月21巻7号1507頁等）。なお，事業所得からは譲渡所得に該当するものが除かれており（所法27①括弧書），営業用の車両など事業用資産の譲渡は基本的には譲渡所得に該当することになります。

　事業所得と雑所得を区分する主な実益について，不動産の貸付けによる所得である不動産所得（所法26①）に係る事業的規模と業務的規模による取扱いの相違の場合とほぼ同様ですが（不動産所得に関する細かい説明は省略しますが，スライド「不動産所得に係る事業的規模と業務的規模による取扱いの相違」参照），雑所得の場合は青色申告の対象外であり，青色申告特別控除の適用はありません。また，雑所得の場合はその赤字について他の所得と損益通算できません。

　よって，雑所得に係る赤字は，純損失として繰越控除することはでき

ないし（先物取引の差金等決済に係る損失の繰越控除等を除く），純損失の繰戻還付請求もできません（所法2①二十五，69①，70①，140①，143，措法41の15等）。

不動産所得に係る事業的規模と業務的規模による取扱いの相違

	事業的規模	業務的規模
利子税	不動産所得を生ずべき事業を行う居住者が納付する利子税でその事業についての所得に係る所得税の額に対応する部分は，**必要経費算入**（所法45①二括弧書，所令97）	利子税は**必要経費不算入**（所法45①二）
資産損失	不動産所得を生ずべき事業の用に供される固定資産等の取壊し，除却，滅失等により生じた損失の金額は，損失発生年分に**必要経費算入**（所法51①）	不動産所得を生ずべき業務の用に供され又はこれらの所得の基因となる資産の損失金額は，損失発生年分の**不動産所得の金額を限度として**，その年分の**必要経費に算入**（所法51④，災害等の場合について所基通72-1）
債権の貸倒損失	不動産所得を生ずべき事業の遂行上生じた売掛金，貸付金，前渡金その他これらに準ずる債権の貸倒れ等により生じた損失の金額は，損失発生年分に**必要経費算入**（所法51②）	不動産所得の計算の基礎となる総収入金額の全部又は一部を回収することができないこととなった場合等における回収不能額等に対応する所得金額は（収入計上年分に遡って）**なかったものとみなす**（所法64①，152，所令180）
貸倒引当金	事業の遂行上生じた売掛金，貸付金，前渡金その他これらに準ずる金銭債権で貸倒れ等による損失見込額に係る貸倒引当金繰入額を**必要経費算入**（所法52①）	左記のような貸倒引当金繰入額は**必要経費不算入**（所法37①括弧書）
事業専従者給与	青色事業専従者給与又は事業専従者控除を**必要経費算入**（所法57①③）	業務に専従する親族に対する給与等は**必要経費不算入**と解されている（所法56）
事業廃止後費用等	不動産所得を生ずべき事業廃止後に，当該事業に係る費用又は損失で当該事業を廃止しなかったとしたならばその者のその年分以後の各年分の不動産所得の金額の計算上必要経費に算入されるべき金額が生じた場合には，当該金額を廃止年等年分又はその前年分で**必要経費算入**（所法63，152，所令179）	その費用等の内容，事業の廃止時期，他の業務の遂行状況，他の業務等への転用状況等を考慮して，**必要経費算入の可否や必要経費算入時期を判断**（所法37，45，51等）
青色申告特別控除	不動産所得を生ずべき事業を営む一定の青色申告者は，**55万円**又は電子帳簿保存またはe-Taxによる電子申告を行っている場合は**65万円**の青色申告特別控除額を控除（措法25の2③④）	青色申告特別控除額は**10万円**（措法25の2①）

　事業所得と雑所得の区分に係る判断基準について，裁判例では，その経済的活動に関して，営利性・有償性の有無，継続性・反覆性の有無，自己の危険と計算における企画遂行性の有無，資金調達方法，（継続的・安定的）利益の状況，費やした精神的・肉体的労力の程度，人的・物的設備の有無，取引の種類や目的，取引における自己の役割，その者の職業，経歴，社会的地位，生活状況などの諸点が総合考慮されて，社会通念上，事業に該当するか否かが判断されています（**東京地判昭和48年7月18日税資70号637頁，横浜地判平成11年7月28日税資244号167頁等**）。

　その際，その経済的活動をすることにより相当程度の期間継続して安定した収益を得られる可能性が存するかどうかという点が考慮ないし特

に重視されることも少なくありません（【会社取締役商品先物取引事件】
名古屋地判昭和60年4月26日行集36巻4号589頁，東京高判平成29年9
月28日税資267号順号13068，東京高判令和3年11月17日税資271号順号
13631）。

　例えば，【会社取締役商品先物取引事件】では，原告Ｘが先物取引に
係る損失を給与所得等と損益通算（相殺）して申告したところ，税務署
長がそれは雑所得に係る損失であるため損益通算できないとして課税処
分を行いました。先物取引に係る損失は事業所得か，雑所得かが争われ
ており，損失（赤字）は，事業所得であれば他の所得と損益通算可能で
すが，雑所得であれば損益通算不可能ということになります（所法69）
（スライド「会社取締役商品先物取引事件」）。

会社取締役商品先物取引事件・名古屋地判昭和60年4月26日行集36巻4号589頁

代表取締役を務める2社などから
報酬・配当を得て生活の資としている

原告X

確定申告書

**先物取引に係る損失を給与所得等と
損益通算（相殺）**

雑所得に係る損失であり、
損益通算（相殺）不可として課税処分

税務署長

これだけの経済規模の
取引をしていても事業
所得ではなく雑所得？

■先物取引の取引状況

年分 (年)	取引回数 (回)	売付数量 (枚)	買付数量 (枚)	差引損益 (円)
S50	655	2,746	2,450	▲12,231,600
S51	268	776	908	40,015,800
S52	485	1,422	1,493	19,356,800
S53	464	1,502	1,512	74,335,200
S54	220	565	595	14,110,400
S55	297	695	660	15,683,700

スライド

名古屋地判昭和60年4月26日行集36巻4号589頁は，次のとおり，一定の経済的行為が所得税法施行令63条12号にいう対価を得て継続的に行う事業に該当するか否かは，種々の諸要素を総合的に勘案して，社会通念に照らして判断すべきであるとしました。

> 所得税「法27条1項は，事業所得の定義として，農業，製造業，卸売業，小売業，サービス業，その他の事業で政令で定めるものから生ずる所得と規定し，これを受けた令63条は，1号から11号まで具体的な事業の種類を規定し，かつ12号で前各号に掲げるもののほか，対価を得て継続的に行う事業も含まれると規定しているところ，商品先物取引は令63条1号ないし11号に規定されている事業に該当しないことは明らかであるから，Xの商品先物取引による損失額が事業所得の金額の計算上生じたものか，雑所得の金額の計算上生じたものかは，Xが本件各係争年分中にした商品先物取引が令63条12号にいう対価を得て継続的に行う事業に該当するか否かにある。
>
> 　そして，一定の経済的行為が右に該当するか否かは，当該経済的行為の営利性，有償性の有無，継続性，反覆性の有無のほか，自己の危険と計算による企画遂行性の有無，当該経済的行為に費した精神的，肉体的労力の程度，人的，物的設備の有無，当該経済的行為をなす資金の調達方法，その者の職業，経歴及び社会的地位，生活状況及び当該経済的行為をなすことにより相当程度の期間継続して安定した収益を得られる可能性が存するか否か等の諸要素を総合的に検討して社会通念に照らしてこれを判断すべきものと解される。」

　結局，上記名古屋地判は，次のように述べて，Xの商品先物取引による損失額は事業所得の金額の計算上生じたものではなく，雑所得の金額の計算上生じたものであると判断しました。

> 「Xが本件各係争年中に行った商品先物取引に営利性，継続性が存することは前記〔筆者注：商品先物取引の回数，数量及び損失の額を考慮した結果〕のとおりであるが，その余の諸要素すなわち，自己の危険と計算による企画遂行性の有無（Xが自己の危険と計算により本件係争年中に商品先物取引を行ったものであることは前記のところからこれを認めることができるが，その企画遂行力が高度のものであったかについて多大

の疑問を禁じ得ないところである。），商品先物取引を行うのに費した精
神的，肉体的労力の程度（左程のものとは思われない。），人的，物的設
備の有無，資金調達方法（通常の経済取引としてされる他からの貸付金
を資金とするものでない。），Xの職業，社会的地位，生活状況及び商品
先物取引により相当程度の期間継続して安定した収益を得られる可能性
が極めて低いことを総合すると，Xが本件係争年中に行った商品先物取
引が令63条12号に該当するものということはできない。」

　また，上記名古屋地判はXらの主張に対するものも含めて，次の点も
指摘しています。

- 商品先物取引が，商品先物取引市場における相場の急激な変動を利用
して売買差益を稼ごうとするものであることは公知の事実であるから，
商品先物取引が極めて投機性が強いものであって，相当程度の期間継
続して安定した収益を得る可能性が極めて低い。
- 一定の経済的行為をなす者が他に職業を有しそれによる所得を生活の
資としていることや，当該経済的行為をなすため人的，物的設備を有
していないことから，直ちに営利を目的として継続的に行われる経済
的行為を所得税法施行令63条12号に該当しないとはいえない。しかし
ながら，一定の経済的行為が同号に該当するか否かの判断は結局，社
会通念にこれを求めるほかはないのであって上記各諸要素もこれが判
断をなす一要素たるにとどまる。
- それゆえ，一定の経済的行為をなす者について，その者が他に職業を
有しそれによる所得を生活の資とし，当該経済的行為をなすために人
的，物的設備を有していない場合であっても他の諸要素により当該経
済的行為が同号に該当するものと判断されることはありうる。そうで
あるからといって，上記の点が社会通念から当該経済的行為の事業性
の有無を判断する際の要素たるべきものではないということはできな
い。
- 営利性，継続性を有するすべての経済的行為が同号に該当するもので
ないことは同号の文言上明らかである。

ただし，上記で示されている**相当程度の期間継続して安定した収益を
得られる可能性**について，赤字が続いている場合[※]や，先物取引，暗
号資産，賭け事で生計を立てている場合は事業所得に該当する可能性が
ないということになるのか（したがって，その損失について損益通算は
認められない），事業該当性を判断する際にそのような事情を考慮すべ
きかという点を疑問に思う方もいるでしょう。

（※）　ひとくちに赤字の場合といっても，相応の努力をしている場合，開業
　　　して間もない場合，赤字であることによる何らかのメリットを享受して
　　　いる場合などいろいろなケースがあります。

第11章　給与所得

Ⅰ　給与所得の特徴

　給与所得とは，**給与等（俸給，給料，賃金，歳費及び賞与並びにこれらの性質を有する給与）に係る所得**です（所法28①）。法は，俸給，給料，賃金，歳費など各種の名称，内容を持った給与を例示し，それを通じて給与所得の中味を解釈させるという規定の仕方をしており，給与所得の概念を直接的，概括的に定義していません。

　そこで，給与所得の内容は，まず，ここに挙げられている各種形態の「給与」の内容を検討し，それらを通じて帰納的に把握されることになります。結局，給与所得の所得類型は，**個人の非独立的ないし従属的な勤労（人的役務提供）の対価としての性質をもった所得**」と一応定義することができます。このような給与所得の典型例は，雇用契約に基づいて被用者が雇用者から受ける報酬です（注解所得税法研究会・注解512〜513頁）。

　もっとも，会社との（準）委任契約とされる役員に係る役員報酬は給与所得に該当すると解されてきましたし，国会議員の歳費やこれらの性質を有する給与も給与所得に含まれていますから，雇用契約に基づく報酬のみが給与所得に該当するわけではないことは明らかです。

　スライド「給与所得の特徴と源泉徴収制度」は，必要経費と課税方法という点から給与所得のポイントをまとめたものです。

給与所得の特徴と源泉徴収制度

課税標準	所得税の課税標準を構成する総所得金額の中に「給与所得の金額」がある
総所得金額	**総所得金額 =〔①+②〕**（純損失の繰越控除・雑損失の繰越控除適用後） ①（利子所得の金額）、配当所得の金額、不動産所得の金額、事業所得の金額、 給与所得の金額、短期譲渡所得の金額、雑所得の金額（損益通算後）の合計額 ②（長期譲渡所得の金額 + 一時所得の金額）（損益通算後）× 1／2
退職所得金額	
山林所得金額	

給与所得の金額 = 収入金額 − 給与所得控除額

特徴1	・ 原則として実額経費を引けない ・ 給与所得控除を引く
特徴2	・ 支払いの都度、源泉所得税が徴収される（源泉徴収義務者は支払者） ・ 年間の源泉徴収額の合計額 ≒ 年間の適正税額 ∴年末調整で差額精算 ・ 年末調整で考慮されていない所得や控除等がある場合には別途確定申告・還付申告 をするが、それ以外は申告不要＝申告せずに課税関係終了

《源泉徴収制度》
- 所得税法第4編に、①利子所得・配当所得、②給与所得、③退職所得、④公的年金等、⑤報酬、料金、契約金又は賞金、⑥非居住者又は法人の所得に係る源泉徴収の規定あり（租税特別措置法にも存在）
- 例えば、居住者に対して、国内において、所得税法28条1項の給与等の支払いをする者は、その支払いの際、その給与等について所得税を徴収し、その徴収の日の属する月の翌月10日までに（年2回に納付する特例あり。所法216）、これを国に納付しなければならない（所法183①）
- 上記支払いには「現実に金銭を交付する行為のほか、元本に繰り入れ又は預金口座に振り替えるなどその支払の債務が消滅する一切の行為が含まれる」と解されている（所基通181〜223共−1）

　1つ目の特徴は，原則として実額経費を控除できないこと及びその代わりに給与所得控除額を引くことです。つまり，給与所得の金額は収入金額から給与所得控除額を控除することで算出します[※]。

（※）　後でみる特定支出控除の規定が導入される前の旧所得税法の時代の事件になりますが，事業所得等の金額の計算について，事業所得者等がその年中の収入金額を得るために実際に要した金額による必要経費の実額控除を認めているにもかかわらず，給与所得の金額の計算については，給与所得者がその年中の収入金額を得るために実際に要した金額による必要経費の実額控除を認めず，上記金額を著しく下回る額の給与所得控除を認めるにとどまるなどの前提に立って，事業所得者等の他の所得者に比べて給与所得者に対し著しく不公平な所得税の負担を課し，給与所得者を差別的に扱っているから，憲法14条1項の規定に違反し無効であると主張されたことがありました。

　これに対して，【大嶋訴訟】最大判昭和60年3月27日民集39巻2号247頁は，次のような判断枠組みを定立したうえで，旧所得税法が必要経費

の控除について事業所得者等と給与所得者との間に設けた前記の区別は，合理的なものであり，憲法14条１項の規定に違反するものではないと判示しました。

> 「租税は，今日では，国家の財政需要を充足するという本来の機能に加え，所得の再分配，資源の適正配分，景気の調整等の諸機能をも有しており，国民の租税負担を定めるについて，財政・経済・社会政策等の国政全般からの総合的な政策判断を必要とするばかりでなく，課税要件等を定めるについて，極めて専門技術的な判断を必要とすることも明らかである。したがって，租税法の定立については，国家財政，社会経済，国民所得，国民生活等の実態についての正確な資料を基礎とする立法府の政策的，技術的な判断にゆだねるほかはなく，裁判所は，基本的にはその裁量的判断を尊重せざるを得ないものというべきである。そうであるとすれば，租税法の分野における所得の性質の違い等を理由とする取扱いの区別は，その立法目的が正当なものであり，かつ，当該立法において具体的に採用された区別の態様が右目的との関連で著しく不合理であることが明らかでない限り，その合理性を否定することができず，これを憲法14条１項の規定に違反するものということはできないものと解するのが相当である。」

　この判断枠組みは憲法14条１項等違反を前提とする租税法規に係る違憲訴訟において，非常に高い壁として現在もなお納税者の前にそびえ立っています。上記最判では，「給与所得者はその数が膨大であるため，各自の申告に基づき必要経費の額を個別的に認定して実額控除を行うこと，あるいは概算控除と選択的に右の実額控除を行うことは，技術的及び量的に相当の困難を招来し，ひいて租税徴収費用の増加を免れず，税務執行上少なからざる混乱を生ずることが懸念される。また，各自の主観的事情や立証技術の巧拙によってかえって租税負担の不公平をもたらすおそれもなしとしない」ことに言及しています。

　なお，上記最判の伊藤正己裁判官の補足意見では，特定の給与所得者について，その給与所得に係る必要経費の額がその者の給与所得控除の額を著しく超過するという事情がみられる場合には憲法14条１項の規定に違反するという見解が述べられています。

２つ目の特徴は，原則として，支払いの都度，源泉所得税が徴収され

て，年末調整により，自ら確定申告することが不要になることです。

　所得税法では，適正で確実な課税を確保し，納税者の便宜に配慮するなどの観点から，給与や利子等について，その支払者が支払いの際に税額を徴収して納付する源泉徴収制度が設けられています。

　また，納税者の手続を簡便化する観点から，給与の源泉徴収義務者である雇用主には，その年の最後の給与等を支払う際に，**給与の総額に対する最終的な税額と，年間を通じて納付された源泉徴収税額の合計額との過不足を調整する年末調整を行う仕組みが設けられていることから，**多くの給与所得者は，確定申告を要しないこととされています（所法121，183，185，186，190〜193等）（令和5年現状と課題94頁）。

　もっとも，次のような見解も示されています（個人論点整理17頁）。

> 「給与の源泉徴収は，適正な課税を担保し，納付の便宜，平準化などに資するために必要な制度である。給与所得について確定申告を行うこととすれば，源泉徴収は不要になるのではないかとの主張が行われることがある。しかし，年末調整を行うか確定申告を行うかという論点と源泉徴収を行うこととは別の次元の事柄であり，主要国においても，年末調整の有無に関わらず，適正で確実な課税を担保する観点から源泉徴収が広く行われている。
> 　ただ，給与所得者が自ら確定申告を行うことは，社会共通の費用を分かち合う意識向上の観点からは重要である。税務執行面にも配慮しつつ，こうした機会を拡大していくことが望ましい。給与所得控除の見直しとあわせ，特定支出控除の範囲が拡大されることとなれば，こうした機会は増大すると見込まれる。同様の観点から，年末調整のあり方についても，諸控除の適用のために必要となる個人情報の取扱いとの関係にも留意しつつ，引き続き議論を行っていく必要がある。確定申告を求める機会を拡大していくのであれば，申告を行うメリットとして，適切な源泉徴収と組み合わせて，確定申告にあたって還付を受けられるといった仕組みとすることも考えられよう。」

　給与所得者にわざわざ確定申告させることが，納税意識や民主的・主体的納税者観の醸成のツールとして最適なものであるのか，記入済み申告書[※1]や租税教育など他のツールを組み合わせて意識向上を図るべき

なのかなど議論すべきことはいろいろあるでしょう[※2]。

（※1）　記入済み申告書について，「デジタル社会の実現に向けた重点計画」
　　　　（R5.6.9閣議決定）は，「確定申告の利便性向上に向けた取組の充実」の
　　　　項目の箇所で，次のとおり述べており，実際に施策が始まっています。

> 「マイナポータルとe-Taxを連携することで，確定申告に必要な各
> 種証明書等のデータを自動入力する仕組みを構築している。今後，
> この取組を更に充実させ，数回のクリック・タップで申告が完了
> する仕組み（『日本版記入済み申告書』（書かない確定申告））の実
> 現を図るため，企業等からオンラインで提出された給与所得の源
> 泉徴収票の情報を自動入力の対象に加える。約1,000万人の給与所
> 得のある確定申告者が『日本版記入済み申告書』（書かない確定申
> 告）の恩恵を受けるためには源泉徴収票がオンラインで提出され
> る必要があることから，政府を挙げて，企業等に対して源泉徴収
> 票のオンライン提出の働きかけを行う。」

（※2）　連合国軍最高司令官総司令部（GHQ）は，民主主義の観点から，年
　　　　末調整の採用に反対だったことが次の回顧録における発言からわかり
　　　　ます（平田敬一郎ほか編『昭和税制の回顧と展望　上巻』（大蔵財務協
　　　　会，1979）553〜554頁〔忠佐市発言〕）。

> 「司令部が盛んに最後まで渋っていたのは，年末調整をおまえの方
> で言ってきたけれども，その案よりも納税者に確定申告を出させ
> なさい，それがデモクラシーの申告納税制度なのだと，がんばっ
> ていたのです。結局は年末調整を取り入れることに同意してくれ
> ました。この司令部の考え方をむし返して，シャウプの勧告のと
> きも，すべての納税者は確定申告を出す規定に改めようという意
> 見だったのですね」

Ⅱ　給与所得控除

　給与所得控除額は次頁のとおりです（所法28③）。給与等の収入金額
が660万円未満の場合には別の表を用いますが，両者の金額の相違は大
差ありません（所法28④，別表5）。

給与等の収入金額 （給与所得の源泉徴収票の支払金額）	給与所得控除額
1,800,000円以下	収入金額 × 40% － 100,000円 550,000円に満たない場合には，550,000円
1,800,000円超　　　　3,600,000円以下	収入金額 × 30% ＋ 80,000円
3,600,000円超　　　　6,600,000円以下	収入金額 × 20% ＋ 440,000円
6,600,000円超　　　　8,500,000円以下	収入金額 × 10% ＋ 1,100,000円
8,500,000円超	1,950,000円（上限）

　最近では，給与所得控除の性格について，**①勤務費用の概算控除**と**②他の所得との負担調整のための特別控除**の２つであると整理されています[※]。それぞれの問題視点とともに**下表**を確認してください（令和5年現状と課題95頁）。

（※）　上記のほか，**③給与所得は源泉徴収の方法で所得税が徴収されるため他の所得に比べてより正確に捕捉されやすいことの調整**や，**④申告納税の場合に比べて早期に所得税を納付することになることを考慮した金利調整**という性格があるという見解もありますが（例えば，**【大嶋訴訟】最大昭和60年3月27日民集39巻2号247頁**参照），「平成23年度税制改正大綱」（H22.12.16閣議決定）11頁では，給与所得控除について，上記①と②の2つの性格を有していること（この点は平成12年現状と課題101頁も参照）と各々2分の1であることを明確化したうえで，格差是正，所得再分配機能の回復の観点から，過大となっている控除を適正化するための見直し（給与所得控除の上限設定等）を行うとしています。

	性　格	問題視点
①勤務費用の 概算控除	給与収入を得るための必要経費が存在することを認めたうえで，実額控除ではなく概算経費を控除して給与所得の金額を算定させるもの	給与所得控除によりマクロ的には給与収入総額の3割程度が控除されているが，給与所得者の必要経費と指摘される支出は給与収入の約3％程度と試算されており，主要国との比較において

		も全体的に高い水準となっているなど，勤務費用の概算控除としては相当手厚い仕組みとなっている
②他の所得との負担調整のための特別控除	給与所得者が専ら身ひとつで，使用者の指揮命令に服して役務提供を行うことから，失業などの不安定性のほか，有形，無形の負担，拘束を余儀なくされ，その役務の提供による成果のいかんにかかわらず，その対価があらかじめ定められた給与の支給にとどまるといった給与所得者に特有の事情に対して斟酌を加えるもの	所得者に特有の事情に対して斟酌を加えるものだが，就業者に占める給与所得者の割合が約9割となっている現状で，他の所得との負担調整を認める必要性は薄れているのではないか

　このような問題視点を背景に，給与所得控除の見直しが進み，平成24年度税制改正では，給与収入に応じて逓増的に控除額が増加する給与所得控除に上限（245万円）が設けられ，平成26年度税制改正では，段階的に給与所得控除の上限が引き下げられ，220万円とされました。

　平成30年度税制改正では，**フリーランスや起業など働き方の多様化が進展しているなかで，働き方や収入の稼得方法により所得計算が大きく異なる仕組みを是正し，働き方に中立的な税制を実現する観点**から，給与所得に係る給与所得控除と公的年金等に係る公的年金等控除の控除額を一律10万円引き下げるとともに，基礎控除を同額引き上げる改正が行われました。その際，子育て世帯等に負担増が生じないよう配慮しつつ，給与所得控除の上限について引下げが行われ，195万円とされました（令和5年現状と課題95〜96頁，平成30年改正解説82〜89頁）。

　現在，給与所得控除については，最低でも55万円の給与所得控除額が認められている一方，最高でも195万円までの額しか控除できないことになります。もっとも，使用者が職務の遂行に必要な場所・設備・備品・経費等を用意してくれることが通常であることを考慮すると，例え

ば，100万円の給与収入を稼ぐために55万円もの必要経費がかかるという方は極めて稀でしょう。上記②の他の所得との負担調整のための特別控除という性格が正当化されない，あるいは国民の支持を得られない場合には，今のような手厚い給与所得控除額は改正を迫られることになりそうですが，逆に他の所得にもやや手厚い概算経費控除を認めることで税制や執行の簡素化を図る道もありえます。

　いずれにせよ，給与所得者であることを理由として，所得の計算にあたって特別の斟酌を行う必要性は相対的にみて乏しくなりつつあります（平成12年現状と課題101頁，個人論点整理2〜3頁）。

Ⅲ　特定支出控除

　その年中の特定支出の額の合計額が給与所得控除額の2分の1を超えるときは，特定支出に関する明細書等を添付した確定申告を行うことにより，その超過額を給与所得控除後の所得金額から控除できます^(※)。

（※）　給与所得の金額は，原則として，その年中の給与等の収入金額から給与所得控除額を控除した「残額」ですが（所法28②），特定支出の額の合計額が給与所得控除額の2分の1を超えるときは，上記「残額」からその超過額を控除した「金額」となります（所法57の2①）。「残額」という語は控除後の金額がマイナスになることを想定していない一方で，「金額」という語は想定しているのです（谷口・講義291頁）。

$$
\begin{array}{c}給与所得\\の金額\end{array} = \begin{array}{c}給与等の\\収入金額\end{array} - \left\{ \begin{array}{c}給与所得\\控除額\end{array} + \left(\begin{array}{c}その年中の特定\\支出の額の合計額\end{array} - \begin{array}{c}給与所得\\控除額の1/2\end{array} \right) \right\}
$$

　特定支出とは，一定の①通勤費（給与等の支払者により補塡される部分があり，かつ，当該部分につき所得税が課されない場合における当該部分を除きます），②旅費，③転居費，④研修費，⑤資格取得費，⑥帰宅旅費，⑦図書・衣服・交際費等の勤務必要経費であり，基本的に**通常必要な支出であること**や**職務遂行に直接必要な支出であること**が求められますし，**給与の支払者**（④と⑤についてはキャリアコンサルタントで

も可）が証明したものに限られます（所法57の2，所令167の3〜167の5，所規36の5，36の6）。

　特定支出控除制度は，給与所得者として勤務することに伴い通常支出を余儀なくされる項目のうち，支出額が相当程度となり，その負担が担税力を減殺することとなるような特定支出の範囲を法令上明確にしたうえで，その特定支出の合計額が給与所得控除額を上回る場合には，その上回る部分の金額について確定申告を通じて控除することができる特例として，昭和62年9月の税制改正で創設されたものです。

　これは，給与所得者が確定申告を通じて自らの所得税の課税標準及び税額を確定させることを可能とする途を拓くことが公平感の維持，納税意識の形成に重要であると考えられたことによります。しかしながら，特定支出控除の適用件数は全国で毎年10件弱と僅少で推移し，その要因として，給与所得控除の水準そのものが相当高いこともありますが，その控除対象である支出の範囲が狭すぎるといった指摘が従来からありました。

　そこで，平成24年度の税制改正では，特定支出控除をより使いやすくし，**給与所得者の実額控除による確定申告の機会拡大を図る**観点から，❶給与所得控除額の2分の1を超えた部分の金額を控除対象とする適用判定の基準の見直し，❷弁護士，公認会計士，税理士などの資格取得費，勤務必要経費（図書費，衣服費，交際費）を適用対象に追加する等の特定支出の範囲の拡充が行われ（平成24年改正解説253〜254頁），その後，平成30年度税制改正では，その範囲に旅費が追加されました。

Ⅳ　給与所得の要件

　給与所得の要件について，関連する最高裁判決を参考とした次のような見解が示されています（今村隆『課税訴訟における要件事実論〔3訂版〕』（日本租税研究協会，2022）108頁）。

① 給付がなされたこと
② 当該給付が労務提供に対する対価又はこれに準じるものであること（対価性）
③ 当該労務提供が雇用契約又はこれに類する原因に基づいてなされたこと（原因）
④ 当該労務提供が非独立的（自己の危険と計算によらないこと）であること（態様）^(※)
（※）【弁護士顧問料事件】最判昭和56年4月24日民集35巻3号672頁が判示しているところの「雇主の指揮に服していること」や「場所的・時間的拘束を受けていること」は，④の非独立的であることの間接事実

【通勤定期券事件】最判昭和37年8月10日民集16巻8号1749頁は，雇用主から支給される通勤定期券又はその購入代金の給与所得該当性について，次のとおり判示して，これを肯定しました。

> 勤労者が勤労者たる地位にもとづいて使用者から受ける給付は，すべて右9条5号〔筆者注：現行法28①〕にいう給与所得を構成する収入と解すべく，通勤定期券またはその購入代金の支給をもって給与でないと解すべき根拠はない。

通勤手当は，現行法では，基本的に非課税となっています（所法9①五）。最高裁は，給与所得に係る規定を根拠として，**勤労者が勤労者たる地位に基づいて使用者から受ける給付はすべて給与所得を構成する収入であること**を述べたうえで，収入金額の規定を根拠として，（実費弁償的な性格を有する）通勤定期券又はその購入代金の支給をもって給与でないと解すべき根拠はないと判断したものとみることができます。

また，弁護士の顧問料収入は事業所得か，給与所得かが争われた【弁護士顧問料事件】において，**最判昭和56年4月24日民集35巻3号672頁**は，業務の遂行ないし労務の提供から生ずる所得が事業所得と給与所得のいずれに該当するかの判断の一応の基準を示しました。

「およそ業務の遂行ないし労務の提供から生ずる所得が所得税法上の事業所得（同法27条1項，同法施行令63条12号）と給与所得（同法28条1項）のいずれに該当するかを判断するにあたっては，租税負担の公平を図るため，所得を事業所得，給与所得等に分類し，その種類に応じた課税を定めている所得税法の趣旨，目的に照らし，当該業務ないし労務及び所得の態様等を考察しなければならない。したがって，弁護士の顧問料についても，これを一般的抽象的に事業所得又は給与所得のいずれかに分類すべきものではなく，その顧問業務の具体的態様に応じて，その法的性格を判断しなければならないが，その場合，判断の一応の基準として，両者を次のように区別するのが相当である。すなわち，事業所得とは，自己の計算と危険において独立して営まれ，営利性，有償性を有し，かつ反覆継続して遂行する意志と社会的地位とが客観的に認められる業務から生ずる所得をいい，これに対し，給与所得とは雇傭契約又はこれに類する原因に基づき使用者の指揮命令に服して提供した労務の対価として使用者から受ける給付をいう。なお，給与所得については，とりわけ，給与支給者との関係において何らかの空間的，時間的な拘束を受け，継続的ないし断続的に労務又は役務の提供があり，その対価として支給されるものであるかどうかが重視されなければならない。」

　一応の基準にすぎませんし，事業所得との区分において示された基準にすぎませんが，所得税法28条1項の文言のみから給与所得の意義を導くことにも限界があり，長らくこの判断基準が重宝されてきました。

　もっとも，裁量労働，リモートワーク，副業，フリーランス，ギグワーカーなど働き方が多様化するなかで，**指揮命令や空間的・時間的拘束の量や質**を給与所得該当性の判断基準としてどこまで重視できるかが問われています。上記最判昭和56年の本質的な判断部分については，今日の社会情勢の変化を踏まえても，十分に妥当性を有するという見解もあります（**東京高判令和3年8月24日税資271号順号13595**）。もっとも，同項が一般概念としての給料，賃金，賞与を要件に取り込んでいるとすれば，経済社会の変化が，給与所得の意義を中心とした同項の解釈論や具体的な射程範囲に何らかの影響を及ぼすのでしょうか。

　最近では，**判断基準として非独立性が重視されつつあります**。例えば，

塾講師等に支払った報酬の給与所得該当性が争われた事件において，**東京高判平成25年10月23日税資263号順号12319**は，役員報酬や歳費も給与所得に該当することを認める所得税法28条1項の規定内容，上記最判昭和56年及び**【ストックオプション訴訟】最判平成17年1月25日民集59巻1号64頁**^(※)等の理解として，次のような見解を示しています。

- 労務の提供等が自己の計算と危険によらないものであること（<u>労務の提供等の非独立性</u>）が給与所得該当性の判断要素に位置づけられる。
- 労務の提供等が使用者の指揮命令を受けこれに服してされるものであること（<u>労務の提供等の従属性</u>）は当該労務の提供等の対価が給与所得に該当するための必要要件とはいえない。
- 従属性が認められる場合の労務提供の対価については給与所得該当性を肯定しうるとしても（したがって，そのような観点から従属性を示すものとされる点の有無及び内容について検討するのは何ら不適切なものではない），<u>従属性をもって当該対価が給与所得にあたるための必要要件であるとするものではない</u>。
- 労務の提供等の従属性が認めがたい場合であっても，当該給与の受給者がその支給者との関係において何らかの空間的，時間的な拘束を受けているか等の諸要素を総合的に考慮した結果として，所得の原因となった法律関係が「雇用契約…に類する原因」にあたるものと評価されることがありうる。

（※）　上記最判は，納税者が代表取締役を務めていたA社からではなく，その発行済み株式の100％を有している海外の親会社B社から与えられたストックオプションに係る権利行使益について「雇用契約又はこれに類する原因に基づき提供された非独立的な労務の対価として給付されたもの」として給与所得該当性を肯定しています。

　もっとも，従属性の用語法，空間的・時間的拘束との関係性，従属性と非独立性の関係性，従属性・非独立性と契約類型の関係性など，議論や整理の余地は残されています。

両者は別々の要件？　両者は表裏一体の要件？

従属性に係る事実は
非独立性を裏付ける
間接事実（事情）の１つ？

従属性	非独立性

従属性	独立性

従属性を肯
定する事情　⟶　非独立性

　なお，課税実務は，請負契約，雇用契約という民法上の契約類型を重視する嫌いがありますが，上記最判昭和56年は基礎となる契約類型や法律関係について，「雇傭契約又はこれに類する原因に基づき」として広く捉えています（【日フィル事件】東京高判昭和47年９月14日訟月19巻３号73頁，【りんご生産組合事件】最判平成13年７月13日集民202号673頁も参照）。

第12章　退職所得

I　退職所得の計算と特徴

　退職所得とは，**退職手当等（退職手当，一時恩給その他の退職により一時に受ける給与及びこれらの性質を有する給与）に係る所得**であり（所法30①），次の３つの点で他の所得区分よりも税額が低くなるように優遇措置が施されています。

①	退職所得控除額	退職所得控除額は勤続年数に応じて増加し，比較的高い（所法30③）。
②	２分の１課税	退職所得の金額は，その年中の退職手当等の収入金額から退職所得控除額を控除した残額の２分の１に相当する金額（所法30②）である。
③	分離課税	退職所得の税額は他の所得と分離して累進税率を適用する（所法89）。

　退職所得の金額は，特定役員退職手当等及び短期退職手当等に係る退職手当等を除き，その年中の退職手当等の**収入金額から退職所得控除額を控除した残額の２分の１相当額**です（所法30②）。退職所得控除額は，勤続年数（ただし，実際の勤続年数そのものというよりも，所得税法施行令69条に定めるところにより計算するもの）の長短に応じて計算され，勤続年数が長くなればなるほどその額が増加するようになっています（所法30③，所令69）。

　退職金も給与の仲間ですから実額経費ではなく一種の給与所得控除を引くこととされているのですが，その納税額は一般の給与所得に比較して少なくなるように設計されています。また，税額の計算についても，他の所得と分離して課税することとして，**累進課税の緩和（平準化）**を

182

図っています（所法22，89）。また，退職所得は通常，源泉徴収で課税
関係が終了し，確定申告が不要となっていますが（所法121②），これも
他の所得と合算せずに税額を算出できる分離課税だからこそ実現しやす
いものです（スライド「退職所得の計算と特徴」）。

退職所得の計算と特徴

$$退職所得の金額 = (退職手当等の収入金額 - 退職所得控除額) \times \frac{1}{2}$$

勤続年数	退職所得控除額
20年以下	40万円 × 勤続年数 （80万円に満たない場合には、80万円）
20年超	800万円 + 70万円 × （勤続年数 - 20年）

- 障害者になったことが直接の原因で退職した場合の退職所得控除額は、上記の方法により計算した額に、100万円を加えた金額
- 前年以前に退職金を受け取ったことがあるとき又は同一年中に2か所以上から退職金を受け取るときなどは、控除額の計算が異なる場合あり

例①：勤続年数が9年3か月⇒10年（端数切上げ）
　40万円×（勤続年数）＝40万円×10年＝400万円
例②：勤続年数が30年
　800万円＋70万円×（勤続年数-20年）
　＝800万円＋70万円×10年＝1,500万円

特徴1
＝給与の一種であるため給与所得と同様の取扱い
- 実額経費は引けない
- 勤続年数に応じて増加する退職所得控除を引く

特徴2＝優遇税制
- 原則として分離課税（他の所得と分離して所得税額を計算＝適用税率は低くなる傾向）
- 退職金等の支払いの際に「退職所得の受給に関する申告書」を提出している場合は、退職金等の支払者が所得税額及び復興特別所得税額を計算し、その退職手当等の支払いの際、退職所得の金額に応じた所得税等の額が源泉徴収されるため、原則として確定申告不要
- 上記「退職所得の受給に関する申告書」未提出の場合は、退職金等の支払金額の20.42%の所得税額及び復興特別所得税額が源泉徴収されるが、受給者本人が確定申告し、精算可

　給与の後払いである退職所得に係る退職所得控除の中身は，経費の概
算控除を含むはずですが，収入金額だけでなく，勤続年数が関係するこ
とや給与所得控除と比べて金額が圧倒的に大きいことからは，担税力や
社会政策的考慮，優遇措置といったそれ以外の部分が相当あると指摘さ
れています（岡村忠生『所得税法講義』（成文堂，2007）195頁）。

　このような退職所得への優遇措置の背後には退職金の性格に対する次
のような理解があります。つまり，退職金は，①その内容・性質として，
長期間特定の事業所等において勤務してきたことに対する報償及び当該
期間中の就労に対する対価の一部分の累積たる性質を持つものであり，
②その機能において，**受給者の退職後の生活を保障し，多くの場合いわ**

ゆる老後の生活の糧となるものと考えられています。

　そうすると，一般に退職金は一時に高額の受給を受けることになりますが，他の一般の給与所得と同様に一律に累進税率による課税の対象とし，一時に高額の所得税を課することとしたのでは，公正を欠き，かつ社会政策的にも妥当でない結果を生ずることになるため，そのような結果を避ける趣旨で，所得税法は，退職所得について，課税上，他の給与所得と異なる優遇措置を採用したものと解されています（【5年退職金事件】最判昭和58年9月9日民集37巻7号962頁）（スライド「退職所得の優遇措置」）。

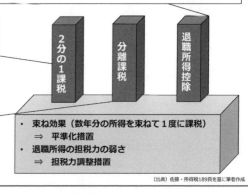

　このように，現行の課税の仕組みは，勤続年数が長いほど厚く支給される退職金の支給形態を反映したものとなっていますが，近年は，支給形態や労働市場におけるさまざまな動向に応じて，税制上も対応を検討する必要が生じてきていることが指摘されています（令和5年現状と課題96頁）。

　なお，退職所得については，退職手当等の支払者から前に退職手当等の支払いを受けたことがある場合などにおける退職所得の金額の計算（所法30，所令69〜71），みなし退職手当等（所得税法31）などに気をつける必要があります。このほか，しばしば実務上問題となるのが，**分掌変更等の場合の役員退職給与**です。

　例えば，創業者が代表取締役を辞任して平取締役として会社に残り，代わりにその跡取りである子が取締役から代表取締役に就任するなど，役員の分掌変更等に伴い，会社がその役員に対して退職金を支給することがあります。

　分掌変更等の場合には，役員が退職により会社との勤務関係を完全に終了する完全退職の場合と異なり，その役員がその会社において引き続き役員としての業務に従事することになるため，「完全」退職の場合と同様の課税関係に服するかが問題となります。つまり，分掌変更等の際に支払われた役員退職給与が所得税法上の退職所得に該当するか，法人税法上，損金（費用）として認められるかが問題となります。課税実務上は，所得税基本通達30−2（3）や法人税基本通達9−2−32に従って処理されています。

Ⅱ　退職所得の範囲

　所得税法上の退職所得とは，「退職手当，一時恩給その他の退職により一時に受ける給与及びこれらの性質を有する給与」に係る所得をいいます（所法30①）。「これらの性質を有する給与」も含めて，退職所得の範囲はどこまで広がるのでしょうか。

　退職所得には優遇措置がありますので，納税者にとって検討することの実益が大きいです。この点については文言や文理のみからすべてを明らかにすることは難しく，趣旨を手掛かりとした解釈が展開されます。なぜ退職所得にはこのような優遇措置が施されているのか，その趣旨はどのようなものかという点も含めて，裁判所の判断を確認しましょう。

就職後5年ごとに退職金名義で従業員に支払われた金員が従業員にとって退職所得ではなく，賞与（給与所得）に該当し，株式会社である納税者は源泉徴収をすべきであるか否かが争われた【5年退職金事件】の**最判昭和58年9月9日民集37巻7号962頁**は，上記金員の退職所得該当性を認めないという判断をする際に，次のとおり，文理と趣旨の両方を斟酌して退職所得の要件に係る解釈論を展開しています。

> 「退職所得について，所得税の課税上，他の給与所得と異なる優遇措置が講ぜられているのは，一般に，退職手当等の名義で退職を原因として一時に支給される金員は，その内容において，退職者が長期間特定の事業所等において勤務してきたことに対する報償及び右期間中の就労に対する対価の一部分の累積たる性質をもつとともに，その機能において，受給者の退職後の生活を保障し，多くの場合いわゆる老後の生活の糧となるものであって，他の一般の給与所得と同様に<u>一律に累進税率による課税の対象とし，一時に高額の所得税を課することとしたのでは，公正を欠き，かつ社会政策的にも妥当でない結果を生ずることになる</u>ことから，かかる結果を避ける趣旨に出たものと解される。」
>
> 「従業員が退職に際して支給を受ける金員には，普通，退職手当又は退職金と呼ばれているもののほか，種々の名称のものがあるが，それが法にいう退職所得にあたるかどうかについては，その名称にかかわりなく，退職所得の意義について規定した前記法30条1項の規定の文理及び右に述べた退職所得に対する優遇課税についての立法趣旨に照らし，これを決するのが相当である。かかる観点から考察すると，ある金員が，右規定にいう『退職手当，一時恩給その他の退職により一時に受ける給与』にあたるというためには，それが，<u>(1)退職すなわち勤務関係の終了という事実によってはじめて給付されること，(2)従来の継続的な勤務に対する報償ないしその間の労務の対価の一部の後払の性質を有すること，(3)一時金として支払われること</u>，との要件を備えることが必要であり，また，右規定にいう『これらの性質を有する給与』にあたるというためには，それが，<u>形式的には右の各要件のすべてを備えていなくても，実質的にみてこれらの要件の要求するところに適合し，課税上，右『退職により一時に受ける給与』と同一に取り扱うことを相当とするものであること</u>を必要とすると解すべきである。」

その後，【10年退職金事件】において，**最判昭和58年12月6日集民140号589頁**は，退職所得の要件及び退職所得優遇の趣旨について上記最判昭和58年9月9日を踏襲したうえで，「これらの性質を有する給与」該当性の判断について次のとおり判示しています。

> 「『これらの性質を有する給与』にあたるというためには，当該金員が定年延長又は退職年金制度の採用等の合理的な理由による退職金支給制度の実質的改変により精算の必要があって支給されるものであるとか，あるいは，当該勤務関係の性質，内容，労働条件等において重大な変動があって，形式的には継続している勤務関係が実質的には単なる従前の勤務関係の延長とはみられないなどの特別の事実関係があることを要するものと解すべき」である。

法人税法との整合性を意識して，所得税法30条1項の退職とは，退職により使用者との勤務関係を完全に終了する完全退職に限られないという理解もありえそうですが，これらの判決を踏まえると，かかる理解の根拠を法人税法にはない同項の「これらの性質を有する」という部分に求めることになりそうです。

Ⅲ　2分の1課税不適用措置

退職所得については，長期間にわたる勤務の対価が一時期にまとめて後払いされるものであることや，退職後の生活保障的な所得であること等を考慮し，退職手当等の収入金額から退職所得控除額を控除した残額の2分の1に課税するという累進緩和措置が採られています。

この2分の1課税があることを前提に，短期間のみ在職することが当初から予定されている法人の役員等が，給与の受取りを繰り延べて高額な退職金を受け取ることにより，税負担を回避するといった事例がかねてより指摘され，平成25年度税制改正において，所定の**役員等勤続年数が5年以下である人が支払いを受ける退職金**のうち，その役員等勤続年数に対応する退職金として支払いを受けるものについて，2分の1課税

を不適用とし，退職金の額から退職所得控除額を差し引いた額が退職所得の金額となるようにしました。

　この2分の1課税の廃止は，法人の役員等を対象としており，一般の従業員は除かれていますが，法人の役員等は会社法等でその任期が決められており当初から短期間勤務が前提となっているなど，一般の従業員とは相当に異なる事情にあることから，この改正では，勤続年数5年以内の法人の役員等がその見直しの対象とされました（平成24年改正解説259頁）。

　その後，令和3年度税制改正で**従業員の短期退職手当等**にも同様の規定が入りました。この改正では，法人の役員等以外についても，勤続年数が5年以下であれば2分の1課税の対象としない改正を行っています。

　これは現下の退職給付の実態をみると，法人の役員等以外についても勤続年数5年以下の短期間で支払われる退職金について，平準化の趣旨にそぐわない，特に高額な支給実態もみられることに基づいています。

　なお，法人の役員等以外の者については，近年の雇用の流動化等に配慮して，退職所得控除額を除いた支払額300万円までは引き続き2分の1課税の平準化措置を適用することとしており，勤続年数が5年の場合は，500万円以上の退職金が今回の改正の影響を受けることになります（令和3年改正解説94頁）。

　短期退職手当等に係る退職所得の金額について，スライド「**特定役員退職手当等と短期退職手当等**」で確認しましょう。

特定役員退職手当等と短期退職手当等

特定役員退職手当等

退職所得の金額※1 ＝ 〔 特定役員退職手当等※2の収入金額 － 退職所得控除額 〕 ×

（※1）2分の1課税の適用なし（所法30②本文括弧書）
（※2）特定役員退職手当等：退職手当等のうち、役員等※3として勤務した勤続年数（役員等勤続年数。1年未満端数切上げ）が5年以下である者が、退職手当等の支払いをする者から当該役員等勤続年数に対応する退職手当等として支払いを受けるもの（所法30⑤）
（※3）役員等：①法人の取締役、執行役、会計参与、監査役、理事、監事、清算人、これら以外の者で法人の経営に従事している一定の者（法法2十五、法令7）
②国会議員及び地方公共団体の議会の議員
③国家公務員及び地方公務員

短期退職手当等

A ＝ 短期退職手当等※4の収入金額 － 退職所得控除額

①A≦300万円の場合：退職所得の金額 ＝ A × 1／2

②A＞300万円の場合：退職所得の金額 ＝ 150万円＋〔収入金額－（300万円＋退職所得控除額）〕

（※4）短期退職手当等：退職手当等の支払いをする者から短期勤続年数※5に対応する退職手当等として支払いを受けるものであって、特定役員退職手当等に該当しないもの（所法30④）
（※5）短期勤続年数：勤続年数のうち、上記の役員等以外の者としての勤続年数が5年以下であるもの（役員等として勤務した期間がある場合、その期間を含める）（所法30④、所令69の2）

第13章　譲渡所得①

I　譲渡所得の計算，特徴

1　概　　要

　譲渡所得とは，不動産，株式，絵画，宝飾品の譲渡など**資産の譲渡による所得**です（所法33①）。譲渡所得の金額は，総収入金額から取得費及び譲渡費用を控除し，最高50万円の特別控除額を控除して算出します。

　自己の著作に係る著作権などの譲渡による所得や取得の日以後5年を超えてされた資産の譲渡による所得（長期譲渡所得）は，課税標準が2分の1となります（所法22②二，33，所令79，82）。不動産と株式等については，事業所得や給与所得等の所得金額と合算して計算・申告し，超過累進税率を適用する総合課税ではなく，これらの所得金額と分離して計算・申告して（損益通算も不可），一定の税率を適用する**申告分離課税**が採用されています（措法31，32，37の10，37の11等）。

　不動産の譲渡については，その年1月1日において所有期間が5年を超えるものの譲渡は長期譲渡所得として15％の比例税率，所有期間が5年以下であるものの譲渡は短期譲渡所得として30％の比例税率が適用されます。株式等については，上場株式等と一般株式等に区分して別々に計算し，いずれも15％の比例税率が適用され，両者の間で損失を相殺することはできません。不動産と株式等についてはさまざまな特例が存在します。

2　譲渡所得の計算と特徴

　総合課税の譲渡所得の計算を簡単にまとめると次のとおりです。

① 　譲渡所得を短期譲渡所得と長期譲渡所得のグループに区分し，それ
ぞれのグループ内で，その年中の総収入金額から資産の取得費及び資
産の譲渡に要した費用の額の合計額を控除
② 　控除できるのは取得費と譲渡費用。つまり，販売費及び一般管理費
など一般的な費用がすべて経費となるわけではなく，取得と譲渡に係
る費用に限定
③ 　上記①によって計算した短期譲渡所得の金額と長期譲渡所得の金額
とを合計して譲渡益を算出。いずれか一方のグループに損失の金額が
あるときは，これを他のグループの金額から控除して譲渡益を計算
④ 　上記③の譲渡益の金額から50万円の特別控除額を控除。特別控除は，
短期譲渡所得の金額から先に控除。ただし，譲渡益が50万円に満たな
い場合には，特別控除額はその譲渡益相当額（長期譲渡所得について
は，その所得金額の２分の１相当額が総所得金額となる）

スライド「譲渡所得の金額」も確認しましょう。

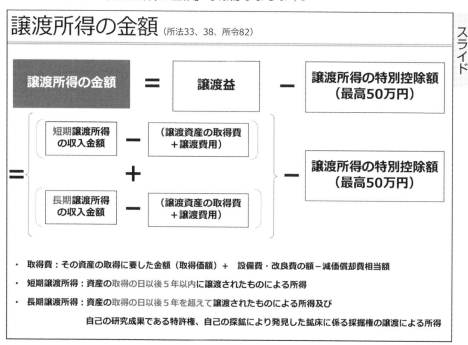

譲渡所得の特徴は次のとおりです。

---

① **特別控除**…最大50万円の特別控除
② **損益通算**…損失（赤字）を他の種類の所得の利益（黒字）と相殺
③ **2分の1課税**…長期譲渡所得の場合，課税の対象が半分

上記①の特別控除は，**少額なものにまで課税しない，一時的，偶発的な所得は担税力が低い**という考え方を背景として用意されているものであり，特別の適用要件はありません。事業所得や給与所得などの継続的に得られる所得に比べて，偶発的に発生する譲渡所得は課税庁が気づきにくい，という事情も念頭に置いておきましょう（佐藤・所得税105頁）。

特別控除ではなく譲渡益が50万円未満の場合のみ一律免税という免税点方式を採用することも考えられますが，この場合には50万円を境として課税を受ける者と受けない者との間に負担の不均衡を生ずることなどの事情があるため，採用されていません（掃部実「所得税法の改正」税と財21巻4号18頁）。

上記③について，長期間所有している資産の譲渡（取得の日以後5年を超えて所有している資産の譲渡）に係る利益であれば，長期譲渡所得として，課税対象が半分になります（所法22②二，33③二）。ただし，自己の著作に係る著作権や自己の研究の成果である特許権など一定の資産は5年超所有していなくとも長期譲渡所得になります（所法33③一，所令82）。これは作品（著作物）の制作や特許権の取得に何年もの期間を要する実情に配慮しているためでしょう。

譲渡所得は以上のような特徴を有するため，一般的には，他の種類の所得よりも税負担が小さくなります。納税者にとっては，自己が稼いだ所得について「これは譲渡所得に該当する」と主張したり，あるいは譲渡所得以外の所得を「譲渡所得になるように画策」したりする（所得区分の転換）インセンティブが生じます。

他方で，長期譲渡所得となり税優遇の恩恵を受ける境目が所有期間5年超という点になるので，それ以前に保有資産を譲渡することにディスインセンティブを与えること（封じ込め効果又は凍結効果の発生）にも

注意が必要です。また，次のような指摘がなされています。

- ●所得が発生する時点，すなわち譲渡の時点を納税者が自由に選択できるという意味で裁量性が高い所得である（令和5年現状と課題97頁）。
- ●経常的な所得とは異なり，その実現のタイミングを選択することが可能であることから，損益通算による租税回避に用いられやすい（個人論点整理5頁）。
- ●長期譲渡所得に関しては，譲渡益は2分の1課税となる一方，譲渡損はその全額を総合課税とされる他の所得から差し引くことができる点で不均衡な制度となっている（個人論点整理5頁）。

Ⅱ　譲渡所得課税の趣旨

　長期譲渡所得には2分の1課税の適用があり，他の種類の所得と比べて優遇されているという見方が可能です。これは，譲渡所得の本質，つまり譲渡所得は何に課税しているのかという点と関係しています。

　通説は，**譲渡所得の本質はキャピタルゲインすなわち所有資産の価値の増加益（増価益）であって，譲渡所得に対する課税は資産が譲渡によって所有者の手を離れるのを機会に，その所有期間中の増加益を清算して課税しようとするものである**と解しています（金子・租税法264頁）。このような考え方を**清算課税説**と呼びます。単に，資産の譲渡に係る譲渡対価と取得費・維持管理費との差額である譲渡益に対する課税であると解する考え方（**譲渡益課税説**）との対比で覚えておきましょう（酒井・論点研究176〜177頁）（譲渡益課税説は，無償による資産の譲渡には課税しないという考え方と親和的です）。

　相続した不動産を親族に対して贈与した場合に譲渡所得課税がなされた【**榎本家事件**】**最判昭和43年10月31日集民92号797頁**は，次のとおり，譲渡所得の本質や課税の趣旨として清算課税説を採用しています。

「譲渡所得に対する課税は，原判決引用の第一審判決の説示するように，資産の値上りによりその資産の所有者に帰属する増加益を所得として，その資産が所有者の支配を離れて他に移転するのを機会に，これを清算して課税する趣旨のものと解すべきであり，売買交換等によりその資産の移転が対価の受入を伴うときは，右増加益は対価のうちに具体化されるので，これを課税の対象としてとらえたのが旧所得税法（昭和22年法律第27号，以下同じ。）9条1項8号〔筆者注:現行法33〕の規定である。

そして対価を伴わない資産の移転においても，その資産につきすでに生じている増加益は，その移転当時の右資産の時価に照らして具体的に把握できるものであるから，同じくこの移転の時期において右増加益を課税の対象とするのを相当と認め，資産の贈与，遺贈のあった場合においても，右資産の増加益は実現されたものとみて，これを前記譲渡所得と同様に取り扱うべきものとしたのが同法5条の2〔筆者注：遺贈（包括遺贈及び相続人に対する遺贈を除きます）又は贈与（相続人に対する贈与で被相続人たる贈与者の死亡により効力を生ずるものを除きます）により，譲渡所得の基因となる資産の移転があった場合に，遺贈又は贈与時に，その時の価額により，譲渡があったものとみなす規定。現行法59①〕の規定なのである。されば，右規定は決して所得のないところに課税所得の存在を擬制したものではなく，またいわゆる応能負担の原則を無視したものともいいがたい。のみならず，このような課税は，所得資産を時価で売却してその代金を贈与した場合などとの釣合いからするも，また無償や低額の対価による譲渡にかこつけて資産の譲渡所得課税を回避しようとする傾向を防止するうえからするも，課税の公平負担を期するため妥当なものというべきであり，このような増加益課税については，納税の資力を生じない場合に納税を強制するものとする非難もまたあたらない。」

当時の所得税法では，贈与による資産の移転（無償による資産の譲渡）があった場合には，贈与の時において，その時の価額により，資産の譲渡があったものとみなして，譲渡所得課税がなされていました。

つまり，**贈与という無償の行為であっても，贈与者側に譲渡所得が発生する**ことになるのです。この点について上記最判は，対価を伴わない資産の移転においても，その資産につき既に生じている増加益は，その

移転当時の資産の時価に照らして具体的に把握できるものであるから，同じくこの移転の時期において増加益を課税の対象とするのを相当と認め，資産の贈与のあった場合でも，その増加益は「実現」されたものとみて，これを譲渡所得と同様に取り扱うべき趣旨であると説明します。

　譲渡所得とは資産の譲渡による所得であると定められていますが，譲渡所得が課税しているのは，資産の譲渡益そのものというよりも，**キャピタルゲイン＝資産の値上がり益**なのです。譲渡所得とは**外部的な条件や要因の変化に起因する資産価値の増加益（増価益）に課税するもの**と理解するならば（金子・租税法271頁），資産の譲渡による所得であっても，棚卸資産の譲渡による利益といった納税者自身の努力や成果といえるような価値の増加益は譲渡所得に該当しないことになるでしょう。

　キャピタルゲインは，一般に，長期間にわたって徐々に累積してきたもので，年輪のように，1年1年少しずつ価値が増加したものとイメージするとよいでしょう。これに対して，その全額を他の種類の所得と全く同じように，譲渡のあった年の一時点で累進税率を適用すると税率が高くなるという不都合が生じます。

　保有する資産を毎年，時価評価して，値上がり益（増加益，含み益）を算出して課税すること，つまり未実現利得に課税することは，少なくとも現在の所得税法は基本的には行っていません（**第6章Ⅲ**）。

　このような値上がり益についても理論上は所得といえるため課税の対象とすることはありえますが，個人が保有する資産を毎年末に時価評価して，値上がり益や値下がり損を税金の計算上考慮するということは現実的ではないからです。保有するすべての資産を把握し，活発な市場が形成されていないものも含めて客観的に時価評価し，納税者が自ら申告したり，課税庁が執行することはいずれも難しいでしょう。

　また，いまだ譲渡して増加益を現金化していない段階，しかも所有者が売るために所有していない資産の増加益に対しても課税することは納税資金の問題がありますし，国民感情にも合わない面があります。

　しかし，**所有者がその資産を手放す，他に移転するというのであれば，そこで所有者に課税をしておかないと**「その所有者の下で既に発生して

いた増加益」を「その所有者に課税する」機会が永遠に失われてしまいます。よって，その資産の所有者の下で既に発生していた増加益を清算する必要が出てきます。そこで資産を譲渡したタイミングで，課税する（含み損益を計上する）こととしています。**キャピタルゲインへの課税は譲渡時まで繰り延べられていることになります。**

ただし，**資産を長期間，保有している間に積もり積もったキャピタルゲイン（しかもその額は，比較的多額であることもめずらしくない）に対して譲渡時の一時点で課税するとなると，毎年時価評価して課税される場合と比較して，適用される税率が高くなってしまうという不都合が**生じます。このような事情があって，おそろしいほどラフな作りですが，長期譲渡所得は課税の対象を2分の1にしているのです。このようにみてくると，仮に実現原則を放棄するならば，譲渡所得というカテゴリーを存置させておく意味はないということになるでしょう。

なお，後でみるとおり，現在では，個人が法人に対して贈与した場合は資産を手放した側に譲渡所得課税が課されますが，個人が個人に対して贈与した場合は手放した側への譲渡所得課税がなされておりません。その条文上の根拠として所得税法36条の収入金額の不存在と59条1項が贈与の相手方を法人に限定していることが挙げられますが，その背後には，上記で述べた執行上の問題や納税資金の問題，そして国民感情に合わないという問題が存在します。

Ⅲ　資産の意義

所得税法33条1項は「資産」とのみ表現していますが，「譲渡所得の基因となる資産」という語を使用している条文が複数存在します（所法38②柱書，59①柱書等）。所得税に関する文献等でも，一般的な意味での「資産」と区別するために所得税法33条の資産とか，譲渡所得の基因となる資産という語が使われる場合もあります。

譲渡所得の基因となる資産は，一般的な意味での資産とは異なります

が，それでも比較的包括的な概念として理解されています。すなわち，**資産とは，譲渡性のある財産権をすべて含む観念で，動産・不動産はもとより，借地権，無体財産権，許認可によって得た権利や地位などがそれに含まれる**と解されています（金子・租税法265頁）。一身専属的な権利である運転免許証やパスポート等はこれにあたらないことになります（水野忠恒『大系租税法〔第4版〕』（中央経済社，2023）266頁）。

所得税基本通達33-1も，譲渡所得の基因となる資産とは，所得税法33条2項各号に規定する資産及び金銭債権以外の「一切の資産」をいうと定めています（もっとも，国税庁は，一般的な意味での資産に含まれるものであっても，暗号資産や外国通貨は資産の値上がり益が生じない資産であり，譲渡所得の基因となる資産に該当しないと解しているため，上記の「一切の資産」という表現を形式的に理解するのは早計です）。

金銭債権は譲渡所得の基因となる資産に含むと解釈する場合，貸倒損失が金銭債権の譲渡損失として取り扱われることになるため問題がありますが，**金銭債権は譲渡所得の基因となる資産に含まない**という解釈を明文の根拠なくして導くことについては疑問も残ります（金子宏「所得税とキャピタル・ゲイン」同『課税単位及び譲渡所得の研究』（有斐閣，1996）100～101頁，**名古屋地判平成17年7月27日判タ1204号136頁**。金銭債権の譲渡損失について所基通51-17参照）。

それでは，価値があった資産が社会生活上もはや取引される可能性が全くないような無価値となった場合には，それは増加益を生じえないものとして，もはや譲渡所得の基因となる資産には該当しないのでしょうか。この点について，経営破綻した銀行の未公開株式の資産該当性が争われた事件があります（スライド「経営破綻未公開株式と資産性」）。

東京高判平成27年10月14日税資265号順号12739は，清算課税説を前提に次のとおり判示していますが，同説を根拠に資産の範囲を画定することには疑問も提起されています（伊川正樹『譲渡所得課税に関する基礎的研究』（成文堂，2023）21～22頁）。

「本件株式譲渡の時点において，本件株式は，一般的に，自益権及び共益権を現実に行使し得る余地を失っており，かつ，その後に自益権及び共益権を行使することができるようになる蓋然性も認められなかったというべきであるから，所得税法33条1項の規定する譲渡所得の基因となる『資産』には該当しないものと認めるのが相当である」

スライド

経営破綻未公開株式と資産性・東京高判平成27年10月14日税資265号順号12739

Xが本件株式3,100株を1株1円、合計3,100円で譲渡（本件株式譲渡）

本件銀行の取締役兼代表執行役X
（原告・被控訴人・被上告人）
→ **本件株式** → 顧問税理士

- XがH22.10.20に保有していた本件銀行の株式（本件株式）を譲渡したことにより、株式等に係る譲渡所得等の金額（未公開分）の計算上損失が生じたとして所得税の確定申告等
- 本件銀行は、H22.9.10、預金保険法74条5項に基づき、その財産をもって債務を完済することができない旨の申出をし、同日、内閣総理大臣から権限の委任を受けた金融庁長官から（同法139①）、金融整理管財人による管理を命ずる処分を受けるとともに（同法74①）、東京地裁に対し再生手続開始の申立てをして、同月13日の再生手続開始決定、H23.11.15の再生計画の認可等を経て、H24.9.10に解散し、清算法人となった
- 本件銀行は、本件株式を公開しておらず、H20年に株券不発行会社に移行しており、定款において本件株式を譲渡する場合には取締役会の承認を受けなければならないと定めていた
- Xは、本件銀行の取締役（H15.5.15～H22.5.10）及び代表執行役（H21.8.1～H22.5.10）であった

本件株式の譲渡	譲渡契約日	譲受人	譲渡株式数	譲渡単価（1株当たり）	譲渡代金	取得費（1株当たり）	譲渡損益
下記以外	H22.3.5	中小企業保証機構	950株	33.5万円	約3.1億円	約7.2万円	約2.49億円
本件株式譲渡	H22.10.20	顧問税理士	3,100株	1円	3,100円	約8.1万円	▲約2.52億円

税務署長

本件株式譲渡をXのH22年分の所得税の株式等に係る譲渡所得等の金額の計算の基礎に含めることはできない

約300万円の損失

IV　譲渡の意義

　清算課税説によれば，所得税法33条の譲渡とはその資産が所有者の支配を離れて他に移転することをいい，その所有者に生じていた増加益をその者に課税する機会が失われる性質を有する他者への移転行為（よって，資産が消滅する場合は含まない）であるといえるかもしれません。
　ただし，所得税法は33条と59条を比べるとわかるとおり，「譲渡」と

「移転」という語を使い分けており，「譲渡」という用語が持つ通常の意味による制約や限界線は存在する可能性があります。いずれにしても，「資産」の概念だけでなく，「譲渡」の概念も広いことになりそうです。

実際，所得税法33条の譲渡とは，「有償であると無償であるとを問わず所有権その他の権利の移転を広く含む観念」であり，売買，交換，競売，公売，収用，物納（ただし，譲渡はなかったものとみなされます。措法40の3），現物出資等も含むと解されています（金子・租税法266頁）。

スライド「清算課税説と譲渡所得」で頭の整理をしておきましょう。

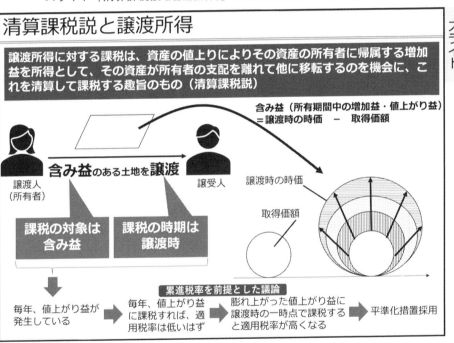

第14章　譲渡所得②

I　譲渡所得から除かれるもの

「たな卸資産（これに準ずる資産として**政令で定めるもの**を含む。）の譲渡その他営利を目的として継続的に行なわれる資産の譲渡による所得」と「山林の伐採又は譲渡による所得」は譲渡所得から除かれています（所法33②）。

　上記の「政令で定めるもの」については，所得税法施行令81条が「譲渡所得の基因とされない棚卸資産に準ずる資産」と題して，次の①と②の資産を定めています。

譲渡所得の基因とされない棚卸資産に準ずる資産（所令81）	所得区分
①　不動産所得，山林所得又は雑所得を生ずべき業務に係る棚卸資産（所法2①十六，所令3）に準ずる資産	雑所得
②　減価償却資産のうち次のもの[※1] ❶使用可能期間1年未満の減価償却資産（所令138） ❷取得価額10万円未満の減価償却資産（所令138）[※2] ❸取得価額20万円未満の減価償却資産で，取得時に一括償却資産の必要経費算入の規定（所令139①）の適用を受けたもの[※2]を譲渡した場合の所得 （※1）　事業所得からは譲渡所得に該当するものが除かれており（所法27①括弧書），減価償却資産の譲渡は基本的には譲渡所得に該当することになります。ただし，事業所得の計算上，減価償却費を必要経費として算入しておきながら，譲渡利益に譲渡所得の2分の1課税の適用を認めることには疑問も生じます。 （※2）　「その者の業務の性質上基本的に重要なもの」（少額重要資産）を除きます。「その者の業務の性質上基本的に重要なもの」とは，	事業所得又は雑所得

　製品の製造，農産物の生産，商品の販売，役務の提供等その者
の目的とする業務の遂行上直接必要な減価償却資産で当該業務
の遂行上欠くことのできないものをいうと解されています。ま
た，少額重要資産であっても，貸衣装業における衣装類，パチ
ンコ店におけるパチンコ器，養豚業における繁殖用又は種付用
の豚のように，事業の用に供された後において**反復継続して譲
渡**することが当該事業の性質上通常である少額重要資産の譲渡
による所得は，譲渡所得には該当せず，事業所得に該当すると
解されています（所法33②，所基通33－1の2，27－1）。

　上記❶と❷の少額減価償却資産と❸の一括償却資産については，上記
のとおり，その譲渡による所得は原則として，事業所得又は雑所得にな
ります。

　これらは，必要経費に算入後に譲渡され，譲渡収入が得られた場合に
は，すでになされた必要経費算入を修正し，その収入金額を事業所得等
の収入金額に算入するのが適当であるとする考え方に立っている，つま
り，少額減価償却資産については，業務供用年分にその取得価額の全額
がすでに必要経費に算入されているのに，その譲渡収入について譲渡所
得として2分の1課税等の措置を適用するのは適当でないとする考え方
に基づくもの（一括償却資産も基本的には同じ考え方）です。

　厳密にいうと，このような問題は，一般の減価償却資産についても生
じますが，一般の減価償却資産については，貨幣価値の変動等に基づき
多額のキャピタルゲインが生ずる場合があって，それに対する累進緩和
措置の必要性が大きいこと，他方で，少額減価償却資産はいわば制度上，
超過償却が行われていて理論的にもその修正が必要とされることなどの
事情から，これらの資産のみに対して上記のような取扱いをしているも
のと考えられます（注解所得税法研究会・注解480～481頁）。

　それでは，「たな卸資産（これに準ずる資産として政令で定めるもの
を含む。）の譲渡その他営利を目的として継続的に行なわれる資産の譲
渡による所得」が譲渡所得から除かれているのはなぜでしょうか。

　この点について，**松山地判平成3年4月18日訟月37巻12号2205頁**を確

認しましょう（スライド「宅地造成と二重利得法」）。この事件では，宅地を造成等し，繰り返し売買・交換した場合にその生じた所得は譲渡所得か，事業所得かが争われました。松山地判は，スライドに掲げた事情を考慮すれば，X（原告・控訴人・上告人）の各売買及び交換は自己の計算と危険において独立して営まれ，営利性，有償性を有し，かつ反復継続して遂行する意思と社会的地位とが客観的に認められる業務にあたるものと解するのが相当であり，事業所得に該当すると判断しました。

宅地造成と二重利得法・松山地判平成3年4月18日訟月37巻12号2205頁

建築設計及びアパートの
経営を業とする個人

宅地を造成等し
繰り返し売買・交換

Xは売買等によって生じた所得を**譲渡所得**としたが，税務署長は**事業所得**として課税処分

税務署長

X
（原告・控訴人・上告人）

松山地判は，Xの各売買及び交換は自己の計算と危険において独立して営まれ，営利性，有償性を有し，かつ反復継続して遂行する意思と社会的地位とが客観的に認められる業務にあたるとして事業所得に該当すると判断した際に**次の事情を考慮**

- 2、3年という短期間に、しかもA有限会社に対してはXが依頼して山林の土を取り除いて平地にしているものがあること、その土地に多額の造成費用を支出していること
- 造成が完了していない間にも完了を予定して売買を行っていること
- 土地のうち広大な面積について多数回にわたり分・合筆を繰り返していること
- 昭和52年までに各売買及び交換を含めて造成地の多くを売却していること
- 昭和51年には分譲費予定地とした書面を作成していること、Xは取引主任の資格を有し、不動産業を営む会社の取締役をしていること
- Xが造成地以外にも多数の売買取引を行っていること等

　上記松山地判は，譲渡所得から「たな卸資産の譲渡による所得」が除外されている趣旨について次のように述べています。

「たな卸資産…の譲渡その他営利を目的として継続的に行われる資産の譲渡による所得は，譲渡所得に含まれないものとされている…。これは，**譲渡所得が概して臨時的，偶発的に発生する所得であるのに対し，たな卸資産の譲渡等により発生する所得は，経常的，計画的に発生するものであるから，譲渡所得に比較して担税力に優るので，税負担の衡平を図**

> るため，譲渡所得とは区別して，同法27条1項に定める事業所得として
> 課税する趣旨であると考えられる（東京高等裁判所昭和47年（行コ）第
> 33号昭和48年5月31日判決・行裁集24巻4・5号465頁以下）」

また，次のような判示もしている点は興味深いです。

> 「土地等の譲渡がたな卸資産又はこれに準ずる資産の譲渡に該当する場合
> であっても，極めて長期間引き続いて販売目的以外の目的で所有してい
> た土地等について，販売することを目的として宅地造成等の加工を加え
> た場合には，その土地等の譲渡による所得には，右加工を加える前に潜
> 在的に生じていた資産の価値の増加益に相当するものが相当部分含まれ
> ていると考えられる。そこで，そのような場合には，右加工に着手する
> 時点までの資産の価値の部分に相当する所得を譲渡所得とし，その他の
> 部分を事業所得又は雑所得とするのが相当である。所得税基本通達33の
> 5の規定もこのような趣旨を定めたものと解される。」

　この点に関して，資産の譲渡による所得の分類については，一般論と
しては，**所有者の意思によらない外部的条件の変化に起因する資産価値
の増加は譲渡所得にあたり，所有者の人的努力と活動に起因する資産価
値の増加は事業所得や雑所得にあたると考えるべきである**と解されてい
ます（金子・租税法271頁）。

　例えば，地主がその所有地を現状のまま一回的，散発的に譲渡した場
合は，譲渡所得が生ずるが，それを宅地として造成して分譲した場合な
どは，「たな卸資産」又は「準たな卸資産」の譲渡に該当し，事業所得
又は雑所得が生じます。

　しかし，宅地の造成に着手した時期又は反復・継続的譲渡を開始した
時期までの増加益はキャピタルゲインであり，この場合の譲渡益の中に
は譲渡所得と事業所得ないし雑所得の両方が含まれているため，その全
体を事業所得又は雑所得として課税するのは妥当でなく，譲渡所得と事
業所得又は雑所得とに分けて課税すべきであることが指摘されています。
この課税の仕方は**二重利得法**と呼ばれています（金子・租税法271頁。
所基通33-3〜33-5，事業所得と給与所得に関するものとして所基通

204 - 22なども参照)。

II みなし譲渡課税等

1 所得税法59条1項

　所得税法では，原則として，資産の譲渡により収入として実現したキャピタルゲインに対してのみ課税されますが，例外的に，一定の無償の譲渡（法人に対する贈与及び遺贈，限定承認[※]に係る相続及び個人に対する包括遺贈）又は著しく低い対価（資産の譲渡の時における価額の2分の1に満たない金額）による法人への譲渡があった場合には，時価による譲渡があったものとみなされます（所法59①，所令169）（スライド「所得税法59条1項の要件と効果」，「所得税法59条1項の適用例」）。

[※]　相続人は，相続によって得た財産の限度においてのみ被相続人の債務及び遺贈を弁済すべきことを留保して，相続の承認をすることができます（限定承認。民922）。

　このような限定承認に対して，みなし譲渡課税を行わずに，その資産の取得価額を相続人が引き継ぐこととして（後記III），被相続人が本来課税されるべき譲渡所得も含めて相続人においてその資産を譲渡した段階で課税する方式を適用すると，限定承認が相続によって財産の限度内において被相続人の債務を弁済するものであるにもかかわらず，被相続人が本来納付すべき所得税を相続人が相続により取得した財産の限度を超えて納付しなければならない結果を生じ，限定承認の趣旨にそぐわない事態を招来します。

　これを是正し，みなし譲渡所得等に対する所得税は被相続人の債務とし，相続人は限定相続等によって得た財産の限度内において納税させるべく，昭和40年度税制改正において限定承認もみなし譲渡課税の対象とされました（柿谷昭男「所得税法の全文改正について」税経通信20巻7号53頁）。

所得税法59条１項の要件と効果

要件

①**次の事由により**、②**居住者の有する山林**（事業所得の基因となるものを除く）
又は**譲渡所得の基因となる資産の移転があった場合**

1号：	2号：
・ **法人に対する**贈与 ・ 限定承認による相続 ・ **法人に対する**遺贈 ・ 個人に対する包括遺贈のうち限定承認に係る遺贈	・ **法人に対する**低額譲渡 （譲渡時の価額の２分の１未満の額による譲渡。所令169）

効果

❶その者の山林所得の金額、譲渡所得の金額又は雑所得の金額の計算については、❷その事由が生じた時に、❸その時における価額（時価）に相当する金額により、❹これらの資産の譲渡があったものとみなす。

　このようなみなし譲渡課税は未実現のキャピタルゲインに対する課税の例（権利確定主義との関係では例外）であり[※]，キャピタルゲインに対する**無限の課税繰延を防止**することを目的としています。未実現の**キャピタルゲインも理論上は所得**ですから，それに対する課税は所得税の性質を失うものではありません（金子・租税法271〜272頁。【タキゲン事件】最判令和２年３月24日集民263号63頁も参照）。

（※）　国外転出（国内に住所及び居所を有しないこととなること）をする居住者が，国外転出時において，合計１億円以上の有価証券又は匿名組合契約の出資持分（有価証券等），未決済信用取引等又は未決済デリバティブ取引（対象資産）を所有又は契約を締結している場合には，その者の事業所得，譲渡所得又は雑所得の金額については，**その国外転出の時に，対象資産の譲渡又は決済があったものとみなして，**対象資産の含み損益を課税所得に反映する国外転出時課税制度（所法60の２①〜③）も未実現のキャピタルゲインに対する課税の一種です。

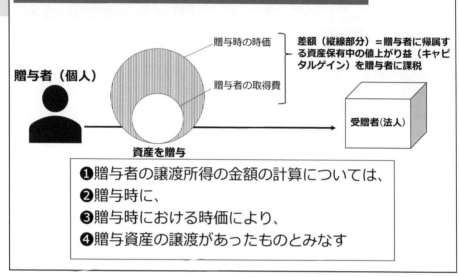

所得税法59条1項の適用例

スライド

例：個人が譲渡所得の基因となる資産を法人に贈与した場合

贈与時の時価

贈与者の取得費

贈与者（個人）

差額（縦線部分）＝贈与者に帰属する資産保有中の値上がり益（キャピタルゲイン）を贈与者に課税

受贈者（法人）

資産を贈与

❶贈与者の譲渡所得の金額の計算については、
❷贈与時に、
❸贈与時における時価により、
❹贈与資産の譲渡があったものとみなす

　無償で資産を譲り受けた側は経済的利益を受けるのですから何らかの課税がなされるのは当然としても，無償で資産を譲り渡した側は経済的価値のある資産を何らの見返りなしに手放したわけですから，このような譲渡人に課税されること，そしてこの場合に譲受人と譲渡人の双方に時価で課税がなされることは，なかなか国民の理解を得にくいように思います。

　みなし譲渡課税の制度は，譲渡所得の全額課税と譲渡損失の全額控除の必要性を強調し，「生前中たると死亡によるとを問わず，資産が無償移転された場合，その時までにその財産につき生じた利得または損失は，その年の所得税申告書に計上しなくてはならない…このことは，所得税を何代にもわたってずるずるに後らせることを防止する上において重要である」（シャウプ使節団・Ⅰ巻92頁）と指摘したシャウプ勧告を機縁として導入されて以来，さまざまに変遷して現在に至っています。

　なお，スライド「所得税法60条4項」のとおり，譲渡人側でみなし譲

渡課税を受けた資産を，その取得した個人が後に譲渡する場合の取得費は，その取得時における価額とみなされます。スライドの例では，これによって，その個人が譲渡した場合の利益は，その譲渡人の取得費を引き継ぐ場合と比べて小さくなります。

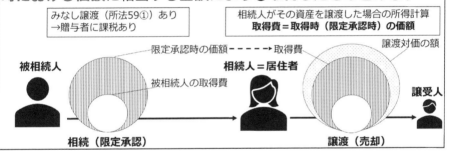

2　所得税法59条2項

　上記の低額譲渡によるみなし譲渡課税は法人に対するものに限定されています。よって，個人に対する低額譲渡の場合には，時価によるみなし譲渡課税は発動しませんが，譲渡損失が発生しても課税上，無視されます（所法59②）（スライド「所得税法59条2項の要件と効果，適用例」）。

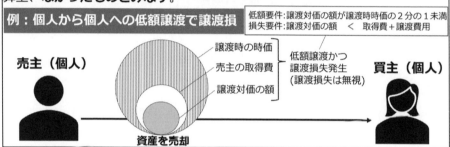

所得税法59条２項の要件と効果、適用例

要 件

①居住者が、②59条1項の資産を、③個人に対し、④同項2号に規定する対価の額により譲渡（低額譲渡）した場合で、⑤**当該対価の額が当該資産の譲渡に係る山林所得の金額、譲渡所得の金額又は雑所得の金額の計算上控除する必要経費又は取得費及び譲渡に要した費用の額の合計額に満たないとき**

効 果

その不足額は、その山林所得の金額、譲渡所得の金額又は雑所得の金額の計算上、**なかったものとみなす。**

例：個人から個人への低額譲渡で譲渡損

低額要件：譲渡対価の額が譲渡時価の２分の１未満
損失要件：譲渡対価の額　＜　取得費＋譲渡費用

売主（個人）

譲渡時の時価
売主の取得費
譲渡対価の額

低額譲渡かつ
譲渡損失発生
（譲渡損失は無視）

買主（個人）

資産を売却

Ⅲ　取得価額の引継ぎ

　　個人Ａが個人Ｂに対して資産を贈与しても，贈与時点におけるその資産の値上がり益に対して，Ａにおいてみなし譲渡課税はなされません（ただし，Ａにおいて損失の計上もしませんし，Ｂには贈与税が課される可能性があります）。この場合，所得税法60条１項によれば，「その者〔筆者注：受贈者〕が引き続きこれを所有していたものとみな」され，**受贈者Ｂは，贈与者Ａの取得費を引き継ぐことになる**と解されています（条文操作の問題について，佐藤・所得税138〜139頁）。

　　仮に，Ａの保有期間中に発生した資産の増加益について，贈与の場合も有償譲渡と同様に，贈与のときに譲渡があったものとしてＡに課税する場合，それは清算課税説（第13章Ⅱ）と親和的です。

　　もっとも，「資産を手離した人（こと）への課税」という清算課税説

の考え方は理論的には筋が通っているのですが，感覚的に理解しにくいことは否定できませんし，無償で資産を手放したのですから納税資金という実際の問題があります。

　他方で，対価を得て譲渡した人との公平を考えると，贈与の場合には贈与者の保有期間の増加益に対する課税をやめるというわけにもいきません。そこで考えられたのが，「贈与の時に贈与者には課税しないが，**贈与を受けた人がその資産を譲渡する時に贈与者（前所有者）の保有期間の値上がり益まで含めて課税しよう**」（課税繰延）というやり方です。（佐藤・所得税123頁）。

　スライド「所得税法60条１項の要件と効果」で規定内容を確認します。

所得税法60条１項の要件と効果

要　件

①居住者が②次の事由により**取得した**③居住者の有する山林（事業所得の基因となるものを除く）又は譲渡所得の基因となる資産を④**譲渡した場合**

1号： ・贈与 ・相続（限定承認以外） ・遺贈（包括遺贈のうち限定承認以外）	2号： ・低額譲渡 （譲渡時の価額の２分の１未満の額による譲渡。所令169）

効　果

❶事業所得の金額、山林所得の金額、譲渡所得の金額又は雑所得の金額の計算については、❷その者が❸引き続きこれを所有していたものとみなす。

　スライド「所得税法60条１項１号による取得費・取得時期（保有期間）の引継ぎ」で，贈与があった場合を例として，所得税法60条１項１号により，受贈者が贈与者の取得費と取得時期（保有期間）を引き継ぐことを確認しましょう。

所得税法60条1項1号による取得費・取得時期（保有期間）の引継ぎ

要 件　条文にはっきり書いてはいないが（なお、居住者は個人であり法人ではない）

①居住者が②（個人からの）贈与により取得した③譲渡所得の基因となる資産を④譲渡した場合

効 果　所得税法59条1項はもともと資産を有していた者（最初に資産を手放した者）、60条1項はその資産を取得し、後に譲渡する者が適用対象

❶事業所得の金額、山林所得の金額、譲渡所得の金額又は雑所得の金額の計算については、❷その者が❸引き続きこれを所有していたものとみなす。

例：個人が他の個人から受贈した資産を譲渡

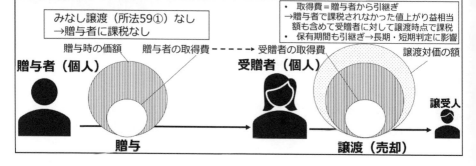

- みなし譲渡（所法59①）なし
→贈与者に課税なし

- 取得費＝贈与者から引継ぎ
→贈与者で課税されなかった値上がり益相当額も含めて受贈者に対して譲渡時点で課税
- 保有期間も引継ぎ→長期・短期判定に影響

贈与時の価額　　贈与者の取得費 - - - - → 受贈者の取得費　　　　　　譲渡対価の額

贈与者（個人）　　　　　　　　　　受贈者（個人）　　　　　　　　　譲受人

贈与　　　　　　　　　　　　　　譲渡（売却）

　個人から個人に対する低額譲渡で発生した損失を無視する所得税法59条2項と，取得価額の引継ぎを行う60条1項2号の関係については，次のように説明されます（佐藤・所得税137頁）。

- 個人間の譲渡においては，当事者間で現実に授受された金額によって総収入金額や取得費を計算するのが原則
- しかし，時価とは異なる価格での譲渡を無制限に認めると，譲渡所得が誰に発生するかを実質的に変更する自由を認めたことになり，租税回避に濫用されるおそれあり
- このため，所得税法59条2項は，個人間の一定の低額譲渡から生じた譲渡損失を無視することとし，そのような低額譲渡の際には，所得税法60条1項2号が，贈与のときと同様に譲受人が譲渡人の取得費を引き継ぐこととしている。

　なお，みなし譲渡課税と取得費の引継ぎの規定の関係について，大雑把な整理をしたものになりますが，スライド「みなし譲渡課税と取得費

の引継ぎ等」で確認しましょう。

みなし譲渡課税と取得費の引継ぎ等

譲渡等の相手方	移転事由	★譲渡人側：みなし譲渡課税（所法59） ●譲受人側：取得費引継ぎ等（所法60）	
法人	贈与、遺贈、低額譲渡	★みなし譲渡課税**あり**	
個人	限定承認による相続、包括遺贈で限定承認	★みなし譲渡課税**あり** ●取得時の時価とみなす	
	上記以外の相続、遺贈、贈与	★みなし譲渡課税**なし** ●取得費の引継ぎあり	増加益の課税繰延
	低額譲渡	★みなし譲渡課税**なし** （ただし、譲渡損は無視） ●取得費の引継ぎあり	

Ⅳ　非課税となる生活用動産の譲渡による所得

1　概　　要

　自己又はその配偶者その他の親族が生活の用に供する**通常生活に必要な動産**を譲渡することにより生じた**譲渡益は非課税**とされる一方で（所法9①九，所令25），その**譲渡損失はないものとされ，内部通算や損益通算の道は完全に遮断されます**（所法9②一）。

　所得税法9条1項は，柱書において「次に掲げる所得については，所得税を課さない」とし，その9号において「自己又はその配偶者その他の親族が生活の用に供する家具，じゅう器，衣服その他の資産で政令で定めるものの譲渡による所得」と定めています[※]。

（※）　所得税法9条1項9号の前身規定は，昭和25年の税制改正で設けられ

ました。その趣旨は，戦後のインフレ期という経済情勢を踏まえて，家にある家財や衣類などを少しずつ売って，何とか食いつないで生活していくような 筍 生活を念頭に，そのような場合に家財や衣類等の譲渡から得た利得に対して課税するのは不穏当であるため，非課税とするというものです（長迫倍民「改正所得税法の解説」税経通信臨時増刊号通巻53号26，34頁，塚田十一郎『改正税法』（日本経済新聞社，1950）40～41頁）。

　生活に通常必要な動産の譲渡による所得は，もともとその額も少額であり，通常は，購入価額以上で処分して売却するということは，価格の一般的な変動以外にはないため，非課税所得としていると説明されることもあります（『改正所得税例解』（大蔵財務協会，1952）15頁）。以上のような理解の下，今日においてその趣旨はやや時代に合っておらず，同号の存在意義は譲渡損失を否認することにあるという説明が妥当かもしれません。

これを受けて所得税法施行令25条は次のとおり定めています。

◆所得税法施行令

25条　法第９条第１項第９号（非課税所得）に規定する政令で定める資産は，生活に通常必要な動産のうち，次に掲げるもの（１個又は１組の価額が30万円を超えるものに限る。）以外のものとする。

一　貴石，半貴石，貴金属，真珠及びこれらの製品，べっこう製品，さんご製品，こはく製品，ぞうげ製品並びに七宝製品

二　書画，こっとう及び美術工芸品

これによると，譲渡した資産が，①自己又はその配偶者その他の親族が生活の用に供するものであり，②生活に通常必要な動産であり，かつ，③貴金属等又は美術工芸品等に該当しない場合，あるいはこれに該当しても１個又は１組の価額（譲渡時の対価の額と解されています）が30万円以下のものに該当する場合の当該資産の譲渡による所得は非課税となります。

　所得税法９条１項９号を単体でみる限り，権利などの動産ではない（有体物ではない）ものを譲渡の対象としても自己又はその配偶者その他の親族が生活の用に供する資産という要件を満たすのであれば，その

譲渡益は非課税になるという理解も成り立ちそうです。

　しかし，政令も併せて読むと，そのような見立ては否定されます。同号からの委任を受けて作られた同法施行令25条は所得税「法第9条第1項第9号（非課税所得）に規定する政令で定める資産」について，上記のとおり同項の**適用対象となる資産を動産に限定**^{（※）}しているためです。

（※）　不動産以外の物を動産といい，物とは有体物をいい（民85，86②，206），かつ動産は有体物に限定されるならば，上記の動産に限定する規定は，無体物であるデジタル財産には適用されないことになりますが（泉＝藤本・事例123〜126頁），使用により減価しないことを踏まえた立法論もありえます。

　法文の書きぶりや文脈等からして，上記①の**自己又はその配偶者その他の親族が生活の用に供する資産**であるという要件は，法律において独立の要件として定められていると解されます。よって，所得税法施行令25条にいう「生活に通常必要な動産のうち，次に掲げるもの（1個又は1組の価額が30万円を超えるものに限る。）以外のもの」に該当するとしても，例えば，そもそも「生活の用に供する」資産に該当しないものは同法9条1項9号の適用対象外ということになります。

　また，上記のように自己等が生活用動産の譲渡により利益がある場合は非課税とされる一方で，譲渡により損失が出る場合には，その損失相当額はないものとされます（所法9②一）。損失があるとしても課税所得の計算上無視されるため，譲渡所得内部における通算はできず，他の所得との損益通算もできません。

　自分の着ていた洋服をフリマサイトで売っても，特別の事情がない限りは，通常，その洋服の「売れた金額」と「買った金額」の差額は譲渡益ではなく譲渡損失になると思います。**この差額は単なる消費であると考えれば，譲渡損失を他の所得と通算することが妥当ではないという考え方にも理解を寄せることができるでしょう。**なお，このような資産でも，**災害，盗難，横領による損失については雑損控除**の適用があります（所法72）（**第8章Ⅵ2**）。

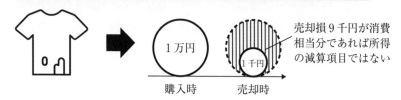

1年前に1万円で購入した洋服を1年後にフリマサイトで1千円で売却

1万円　購入時

1千円　売却時

売却損9千円が消費相当分であれば所得の減算項目ではない

　なお，所得税法9条1項9号等でいう生活とは，どのようなものでしょうか。法人と異なり，個人は所得獲得活動という経済活動の主体であると同時に，所得の消費主体でもあります。そして，所得税法は，**経済活動すなわち業務のために供する資産と消費活動のために生活の用に供する資産**とを課税上峻別して取り扱っています（酒井・論点研究61頁）。このような理解を前提とすると，ここでいう生活とは，所得獲得活動（生産や勤労）に対する消費生活を意味すると解されます（岡村忠生『所得税法講義』（成文堂，2007）212頁）。

2　生活に通常必要な動産グループと生活に通常必要でない資産グループ

　所得税法施行令25条は，同法9条1項9号により譲渡による所得が非課税となる資産について，「生活に通常必要な動産」のうち，1個又は1組の価額が30万円を超える貴金属等又は美術工芸品等以外のものとしています。このように非課税の対象を「動産」に限定することは，「生活に通常必要な動産」の取扱いのほか，「生活に通常必要でない資産」に係る損失の取扱いにも影響を及ぼします。

　「生活に通常必要な動産」を要件に取り込んでいる規定群（**生活に通常必要な動産グループ**）と「生活に通常必要でない資産」を要件に取り込んでいる規定群（**生活に通常必要でない資産グループ**）に分けてその取扱いの概要をまとめるとスライド「生活に通常必要な動産・必要でない資産の取扱い」のようになります。

生活に通常必要な動産・必要でない資産の取扱い

グループ	各動産又は資産の課税上の取扱い		
	譲渡益	譲渡損失	災害・横領・盗難損失
生活に通常必要な動産グループ （30万円超の貴金属等及び美術工芸品等を除く）	非課税 (所法9①九)	ないものとされる (所法9②一)	雑損控除の適用あり (所法72①)
生活に通常必要でない資産グループ	非課税規定(所法9①九)の適用がなく、原則どおり課税	内部通算可能だが損益通算不可(競走馬に係るものを除く。所法69②)	雑損控除の適用はないが(所法72①括弧書)、損失を受けた年分又は翌年分の譲渡所得の金額から控除(所法62①)

譲渡していないのに譲渡所得の金額から控除されるのは、生活に通常必要でない資産の損失の金額を全然考慮しないことは、**これらの資産を譲渡した場合の損失を譲渡所得計算上の損失として処理していることとのバランスを欠く、あるいは雑損控除の対象とはならないが全く救済措置がなくなるのは酷である**ことを考慮したもの（柿谷昭男「所得税制の整備に関する改正について」税経通信17巻6号52頁、米山鈞一「所得税法の改正について」税務弘報10巻6号30頁）。

　それでは，所得税法62条1項の「生活に通常必要でない資産」とはどのようなものでしょうか。この点については，同項の委任を受けた同法施行令178条1項が次のとおり定めています。生活に通常必要でない資産」は，厳密には，**生活の用に供する資産のうち「生活に通常必要な動産」以外のものと定義されているわけではないことに注意しましょう。**

◆所得税法施行令
（生活に通常必要でない資産の災害による損失額の計算等）
178条1項　法第62条第1項（生活に通常必要でない資産の災害による損失）に規定する政令で定めるものは，次に掲げる資産とする。
　一　競走馬（その規模，収益の状況その他の事情に照らし事業と認められるものの用に供されるものを除く。）その他射こう的行為の手段となる動産
　二　通常自己及び自己と生計を一にする親族が居住の用に供しない家屋で主として趣味，娯楽又は保養の用に供する目的で所有するもの

その他主として趣味，娯楽，保養又は鑑賞の目的で所有する資産
　　（前号又は次号に掲げる動産を除く。）
　三　生活の用に供する動産で第25条（譲渡所得について非課税とされ
　　る生活用動産の範囲）の規定に該当しないもの

　上記のうち2号はもともと不動産に関する規定でしたが，平成26年度
改正において「資産」という広い概念に置き換えられました。この改正
の趣旨について，立案担当者は，生活に通常必要でない資産の譲渡損失
に係る損益通算を制限する趣旨を踏まえて，次のように説明しています
（平成26年改正解説107〜108頁）。

　「生活に通常必要でない資産（不動産・動産）については，その譲渡益は
　課税対象となりますが，譲渡損失は趣味・娯楽のための行為により生じ
　たものであり，その性質が所得の処分と類似の性格を持つことから，経
　常的な所得からの控除については制限を設けるべきであるといった理由
　から，他の所得との損益通算は出来ないこととなっています。また，生
　活用動産については譲渡益は非課税，譲渡損失はその反射的効果により
　生じなかったものとされ他の所得との損益通算ができません。他方，類
　似の性質を有するゴルフ会員権やリゾート会員権等は権利であり，不動
　産や動産のいずれにも該当しないことから，これらの生活に通常必要で
　ない資産（不動産・動産）や生活用動産のいずれにも該当せず，譲渡に
　より生じた損失について他の各種所得の金額との損益通算が可能となっ
　ていました。このような不均衡を適正化する観点から，…生活に通常必要
　でない資産の範囲に，主として趣味，娯楽，保養又は鑑賞の目的で所有
　する不動産以外の資産を追加することとされました（所令178①二）。こ
　の改正により，ゴルフ会員権やリゾート会員権等は，原則として生活に
　通常必要でない資産として位置付けられ，その譲渡により生じた損失の
　各種所得との損益通算及び災害等により生じた損失の雑損控除の対象外
　となります。」

　マカオの賭博場で使用されるカジノチップが上記1号の射こう的行為
の手段となる動産として「生活に通常必要でない資産」に該当するとし
た【マカオカジノチップ事件】大阪高判平成8年11月8日行集47巻11＝

12号1117頁は，所有「目的」に着目する同項2号の資産について，次のとおり判示しています。

> 「一定の目的で所有するものに限ってこれを『生活に通常必要でない資産』に当たるものとしているが，これは，同号に定められたような資産については，その客観的性質だけからは『生活に通常必要でない資産』であるかどうかを判別することができないところから，一定の目的で所有する場合に限ってこれに当たるとしたものである」

また，上記のうち3号の生活用動産（生活の用に供する動産）で所得税法施行令25条の規定に該当しないものの意味するところとして，次の2つの解釈があります（酒井・論点研究68頁）。

> ①　生活用動産のうち所得税法施行令25条の適用される「生活に通常必要な動産」以外のすべてのものを意味する。
> ②　所得税法施行令25条に規定する生活の用に供する30万円超の貴金属等及び美術工芸品等のみを意味する。

国税庁タックスアンサー No.2250「損益通算」は②の見解を採用しているようにみえますが，課税庁職員が執筆している文献の中には①の見解を採用していると解されるものもあります。上記②の場合，結果的に，「生活に通常必要な動産」，「生活に通常必要でない資産」のほか，それ以外の「一般資産」なる概念が存在するという見解（三分説）に接続する可能性があります。

会計事務所勤務の納税者が譲渡した所有自動車（レジャーのほか，通勤や業務に使用）はその使用の態様より「生活に通常必要でない資産」に該当すると判断した【サラリーマン・マイカー訴訟事件】大阪高判昭和63年9月27日判タ685号168頁は，次のとおり，三分説を採用せず，生活用動産（資産）は「生活に通常必要な動産」と「生活に通常必要でない資産」に分類されるという二分説の立場を支持しました。

「法・令は，給与所得者が保有し，その生活の用に供する動産については，『生活に通常必要な動産』（法9条1項9号，令25条）と『生活に通常必要でない資産（動産）』（法62条1項，令178条1項3号）の二種に分類する構成をとり，前者については譲渡による所得を非課税とするとともに譲渡による損失もないものとみなし，後者については原則どおり譲渡による所得に課税するとともに，譲渡による損失については特定の損失と所得との間でのみ控除を認めているものと解するのが相当であって，『一般資産』のような第三の資産概念を持ち込む解釈には賛同することができない。」

<h1 style="text-align:center">第15章　一時所得</h1>

I　一時所得の概要

　一時所得とは，**雑所得を除いた他の8種類の所得以外の所得のうち，営利を目的とする継続的行為から生じた所得以外の一時の所得**[※]で，**労務その他の役務又は資産の譲渡の対価としての性質を有しないもの**です（所法34①）。

[※]　佐藤英明「一時所得の要件に関する覚書」金子宏ほか編『租税法と市場』（有斐閣，2014）235〜236頁は，「営利を目的とする継続的行為から生じた所得以外の一時の所得」と規定される非継続要件は，「何らかの継続的行為に関連して一時の所得が得られる場合」を一時所得の範疇から除く趣旨ではなく，「一時の所得自体が，反覆継続して得られる場合」の「一時の所得」を一時所得の範疇から除くものと解しています。

　要件としては上記のとおりですが，具体的には，懸賞金，通常の場合の競馬の払戻金や遺失物拾得者の受ける報労金など，一時的，偶発的な所得が念頭に置かれています。通達では，法人からの贈与により取得する金品[※]，生命保険契約等に基づく一時金（業務に関して受けるものを除きます）及び損害保険契約等に基づく満期返戻金等，人格のない社団等の解散により受けるいわゆる清算分配金又は脱退により受ける持分の払戻金，譲渡所得や事業所得等に該当しない立退料などが一時所得に該当するとされています（所基通34−1）。

　扶養義務者相互間において扶養義務を履行するため給付される金品，相続，遺贈又は個人からの贈与により取得するもの，損害保険金・損害賠償金等のように，一時所得に該当しうるものが非課税所得として定められている場合も存在します（所法9①十五，十七，十八等）。

[※]　個人からの贈与は贈与税の課税対象ですが，法人からの贈与は所得税

の対象となることについて，個人からの贈与も法人からの贈与もともに本来一時所得にほかならないが，個人からの贈与については，相続の場合との課税の均衡上これを相続財産の生前処分として相続税体系において把握し，相続税の補完税としての贈与税を課税する必要があるのに対し，法人からの贈与については，そのような性質は存しないからこれに贈与税を課税する必要はありえない，と説明されます（衆議員法制局『政治資金をめぐる課税関係について』（衆議院法制局，1963）29頁）。

　一時所得の金額については次のような特徴があります（所法22②二，34②③）。

> ● 一時所得の金額＝総収入金額－収入を得るために支出した金額－特別控除額
> ● **必要経費ではなく，収入を得るために支出した金額**（その収入を生じた行為をするため，又はその収入を生じた原因の発生に伴い直接要した金額に限られます）を控除（控除できる範囲はやや狭い）
> ● 譲渡所得と同じ**最大50万円の特別控除**
> ● 長期譲渡所得と異なり，所有期間等の要件なしに一律に**2分の1課税**
> ● 一時所得の損失は，他の種類の所得と**相殺（損益通算）不可**

　一時所得については，**一時的，偶発的な所得**であることから租税負担**の軽減**が図られています。2分の1課税は，簡素な方法により軽減を図るものです（桜井四郎「所得税法改正の概要」税と財10巻8号12頁）。

　特別控除について，昭和40年度改正前は譲渡所得の金額と合計して特別控除を適用していましたが，同年度改正において，臨時的ないし一時的な所得については担税力が弱い点に着目して少額な所得には課税しないという特別控除の趣旨からみても，譲渡所得と一時所得でそれぞれ別々に控除するのが筋であり，（損益通算時における）**税制の簡素化と少額な一時的所得について負担の軽減**を図る見地から，別々に特別控除を行うこととされました（昭和40年改正解説19頁）。

　加えて，同年度の改正では，「一時所得は，その計算上個別対応の原則に従って計算しなければならないのでありますが，旧所得税法における一時所得に関する所得計算の規定〔筆者注：その年中の総収入金額か

ら『その収入を得るために支出した金額』を控除するというもの。旧所法9①九〕は，この点が不明確にすぎるきらい」があったことから，「これを明確にし，一時所得の金額は，その年中の一時所得に係る総収入金額から，その収入を生じた行為をするために支出した金額またはその収入を生じた原因の発生に伴ない直接に要した金額を控除すること」とされました（昭和40年改正解説27頁）。

この改正によって，その年中の一時所得に係る総収入金額から「その収入を得るために支出した金額（その収入を生じた行為をするため，又はその収入を生じた原因の発生に伴い直接要した金額に限る。）の合計額を控除」するという現行の所得税法34条2項^{（※）}の形ができたのです。

（※）　同項については，「一時所得に係る収入を得た個人の担税力に応じた課税を図る趣旨のものであり，同項が『その収入を得るために支出した金額』を一時所得の金額の計算上控除するとしたのは，一時所得に係る収入のうちこのような支出額に相当する部分が上記個人の担税力を増加させるものではないことを考慮したもの」と解されています。

　　よって，一時所得に係る支出が同項にいう「その収入を得るために支出した金額」に該当するためには，それが当該収入を得た個人において自ら負担して支出したものといえる場合でなければなりません（【逆ハーフタックスプラン事件】最判平成24年1月13日民集66巻1号1頁）。

営利を目的とする継続的行為から生じたものではなく，対価的性質も有しない一時所得には，収入に対応する必要経費を観念しがたい，家事費としての性格を有する支出が観念されるという特徴があります。

このようなことから，一時所得に係る収入・支出について総体対応計算によることなく，収入を生じた各行為又は各原因ごとに個別対応的に計算し，その反面，収入を生じない行為又は原因に係る支出は控除項目から除かれることになります（所法34②）。

所得税法が一時所得の金額の計算についてこのように**厳格な収入・支出の個別対応的計算を定めているのは**，例えば，ギャンブルの支出は，それによって収入が得られたときはその控除項目としての意味を持ちますが，その支出は，同時にギャンブルを楽しむための支出，つまり一種の消費支出としての側面があり，一時所得に係る支出には多かれ少なか

れこのような要素があるものとし，その支出は，それが収入を生んだ場合に限って控除を認めるという建前を採っているためと考えられています。一時所得に係る**赤字については損益通算が認められていない点も同様の考え方**に立っています（注解所得税法研究会・注解944頁）。

一時所得については，個々の納税者にとっての主たる所得である「経常的な所得」以外の所得という意味では雑所得と同様であり，対価性の有無をもって雑所得とは別の所得区分を設けていることについては合理性がなく，制度の簡素化の観点をも踏まえれば，**雑所得に統合することを検討すべきであるとか，**一時所得の中にはさまざまな性質の所得が含まれるところ，**2分の1課税を通じて累進緩和する必要があるかを個々の所得の性質に応じて判断していくべきではないか**といった見解があります（個人論点整理5頁，令和5年現状と課題100頁）。

一時所得たる所得区分とその2分の1課税の恩恵は，わが国の所得税法が制限的所得概念から包括的所得概念へと変容した際の残滓（ざんし）にすぎないのであって，担税力理論に即した課税の仕組みとして説明できるのか疑問であるとして，**一時所得という所得区分の廃止を求める見解**もあります（酒井克彦「所得税法上の所得区分の在り方」税法学579号231頁）。以下，一時所得の課税の沿革について簡単に確認します。

II　一時所得が定められた経緯

戦前は，制限的所得概念（所得源泉説）の下で「営利ノ事業ニ属セサル一時ノ所得」ないし「営利ヲ目的トスル継続的行為ヨリ生シタルニ非サル一時ノ所得」は原則として課税の対象外とされていましたが，戦後，包括的所得概念（純資産増加説）に移行しました。

昭和21年に不動産，船舶等の譲渡利得について譲渡所得の分類が設けられ（山林所得や退職所得にはそれ以前から課税），昭和22年の第1次改正で株式，出資等の譲渡益にまで譲渡所得の範囲が拡大され，同年の第2次改正において，懸賞金，法人からの受贈益等のほか動産等の譲渡

益についても一時所得の分類を設けて課税所得中に包摂されることとなり、あらゆる種類の所得を課税所得とする包括的所得概念への移行が完了しました（注解所得税法研究会・注解911〜912頁）。

　ただし、一時的所得の中には長期間の資本、労力等の蓄積の結果から成るものが多くあり、所得の額も比較的大きいのが通例であるため、高率の累進税率の適用を受けることにもなるから、負担の緩和を図るべく、所得の半額[※]を総合して課税することとされました（日本租税研究協会『戦後日本の税制』（東洋経済新報社、1959）7〜8頁）。

（※）　このような2分の1課税は昭和25年度改正で廃止され、全額課税になりました。山林所得、譲渡所得及び一時所得はこの3つの所得を通じて10万円を控除し、その残額を他の所得と総合して、変動所得として5年間の平均課税が行われていましたが、昭和28年の改正で、上記のような課税の合理性を認めながらも、計算方法が難解であることなどを考慮して、上記の所得を変動所得として課税することをやめ、不動産等の譲渡所得及び一時所得については、山林所得よりも稀に発生するから山林所得以上に負担の軽減を図ることが適当であるとされ、2分の1課税が復活しました（泉美之松『改正税法全書1』（大蔵出版、1953）27〜28頁、桜井四郎「所得税法改正の概要」税と財10巻8号12頁）。

　従来の一時の所得に対する方針を根本的に変更し、原則として一時所得として課税することとした理由は、要旨次のとおり説明されます（後藤久人「所得税法の改正について」税務協会雑誌4巻8号3頁）。

- 改正前の所得税法においては営利を目的としない一時の所得に対しては、原則として課税されないこととなっていたが、一時所得のうちで退職所得、山林所得、譲渡所得、原稿料等については課税されていた。
- 所得税について、営利を目的としない一時の所得に課税しないのは、性質上全然担税力がないというべきものではなく、他の所得に比して著しく担税力がなく、更に課税する場合の技術的困難があり、また従来の安定した社会では、割合この一時の所得が少ないという理由によったのである。
- しかし、経済情勢の変化によって、この一時所得は現に体験するように随所に発生し、他の所得と量においても金額においても、非常に大

> きく，また他の課税されている所得の負担が増大したので，その権衡
> 上からもこれに課税することが妥当とされたのである。

　また，昭和22年11月25日の衆議院・財政及び金融委員会において，前尾繁三郎大蔵事務官は次のとおり答弁しています。

> 「現在一時所得の改正といたしまして，一時所得を原則として課税するということは，理論的には相当重要な問題であるように考えるのでありますが，すでに一時所得は戦時中にも勤労所得であります退職所得，あるいは臨時配当所得，また清算取引所得というようなものに課税をいたしてまいったのであります。また本年の不動産，船舶に対する譲渡所得という，一時の所得を課税の範囲に取こんでまいったのであります。大半の一時所得は現在の現行法で目的を達せられている次第でございますが，ただ問題としてこの非課税所得に，営利でない場合の一時所得をすべて課税しないという建前にいたしておきますのでは，たとえば一回限りの素人のやりました大きな清算取引所得というようなものを脱するような場合もございます。また買溜め品等で相当量売りまして，それが一時の所得として多額の利益を得たというような場合も，これから税法上課税し得ないという建前でありますのは，いかにも適当でないように考えているのであります。」

Ⅲ　対価性と継続性

1　役務の対価と継続性

　労務その他の役務の対価としての性質を有しないものが一時所得から除外されているのは，「たとえ現実の収入が一年を通じて一時的であるにせよ，またいわゆる営業として純然たる営利目的をもってなされたものではないにせよ，いやしくも或る特定の労務その他の役務を提供して，その反対給付として受ける所得は，これはむしろ通常の所得形態というべきで，たまたまそれが一時的であるかどうかという事情に然程左右されて考えるべきではない」という考え方により，昭和27年の税制改正時

に一時所得の定義と範囲が明らかにされたことに由来します。従来から，一時所得と雑所得の区分は必ずしも明確ではありませんでしたが，ある所得がいずれに属するにせよ課税上別段の差異が存しなかったところ，昭和27年の改正で，一時所得について，山林所得及び譲渡所得と合算してであるにせよ，新たに10万円控除が認められることになったので，一時所得の定義と範囲を明確にする必要に迫られたという事情があります（この改正で著述家及び作家以外の者の受ける原稿料，講演料，事業所得以外の放送謝金などが一時所得ではなくなりました）（志場喜徳郎「改正所得税法解説」財政経済弘報310号３頁）。

　また，この場合の対価性について，条文は労務その他の役務の「対価としての性質」を有しないものと記載しており，**直接的・個別的な「対価」のみが一時所得から除外されるわけではない**と解されます。このような非対価性要件が必要とされたのは，対価性を有する所得は，確定的な対価を得ようとする稼得意思又は行為に起因するものであり，偶発的な所得とはいえず，類型的に担税力が低いとはいえないことによるものと解されています（**東京地判平成30年４月19日判時2405号３頁**）。

　対価性要件について，**東京高判昭和46年12月17日判タ276号365頁**は，従業員が取引先等から毎月定期的又は不定期的に，盆，暮に，昇進時に，渡米時に，あるいは私宅の改築時に贈答，祝儀，錢別等として，現金，ギフトチェック，商品券，書画等の物品や私宅庭園工事の無償施行による利益の供与を受けていたことによるその供与に基づく収入が雑所得として逋脱（はだつ）所得を構成することを認める文脈において，「役務の対価とは，狭く給付が具体的・特定的な役務行為に対応・等価の関係にある場合に限られるものではなくて，広く給付が抽象的，一般的な役務行為に密接・関連してなされる場合をも含む」と解しています（**東京地判平成22年10月８日訟月57巻２号524頁も参照**）。

　また，上記東京高判は，一時所得にいう「継続的行為とは，量的な概念ではなくて，質的な概念であり，それは必らずしも規則的・不可不的に発生するものであることを要せず，不規則的・不許不的に発生するものであることをもって足りるもの」と解したうえで，次のとおり，上記

の利益供与に係る所得は雑所得に該当すると判断しています。

> 「右の諸供与は，それがリベートであると，将たまた中元および歳暮並び
> に昇進祝，新築祝，餞別および香奠であるとを問わず，すべて，これを
> 所得税法にいう雑所得に当るものと解するのが相当である。蓋し，これ
> らの諸供与は，なる程，唯だ個別的・表面的にのみこれをみれば，一過
> 的または一回限りの様相を呈するのであるが，よく全体的・実質的にこ
> れをみれば，その趣旨および内容よりして，被告人の地位や職務を離れ
> ては全くあり得ないものであることが理解され，巷間個人間において社
> 交儀礼的になされる細やかな中元，歳暮，祝儀および香典の類いとは自
> ら異質のものであることが明らかであるばかりでなく，右のような諸供
> 与は，これを各業者と被告人との年間における金品授受の関係として全
> 体的に考察すれば，各目はそれが中元，歳暮，祝儀，餞別または香典で
> あっても，決して唯だ一過性または一回限りのものではなくて，慧眼な
> 業者らが敏感にそれぞれの機会を捉えては，被告人の愛顧や恩寵を得る
> ために，営々と反覆継続してなした供与の一環ないしは一駒にほかなら
> ないものということができるからである。」

　ただし，「継続的行為とは，量的な概念ではなくて，質的な概念であ」
ると一律に論断できるかどうかは，議論の余地がありそうです（**第16章
Ⅱ**）。

　このような継続性や対価性の要件について，公設秘書がその受領した
政治献金に係る所得税を免れていた事件において，**東京地判平成8年3
月29日税資217号1258頁**は，国会議員の政治献金収入及びその公設秘書
である被告人の裏献金収入は，個人からのものであるか否かにかかわら
ず，所得税の課税対象になり，これらは，継続性及び対価性の要件の有
無によって雑所得になるか一時所得になるかが決せられることになると
したうえで，要旨次のとおり判示しています。

> ●継続性の要件について，弁護人は，政治献金・裏献金は，無償供与で
> ある以上，いつ中断されても文句をいえないから，法律的には一時の
> ものと解すべきであり，被告人の裏献金につき，現に突然中止された
> り，一時中断しているものも数多く，少なくともこれらは一時所得で
> ある旨主張するが，年に1回であっても毎年というように現に継続的

に供与されているものはもちろん，たとえ何らかの事情により1回限りに終わったものであっても，その献金当時はさらに継続されることが予定されていたものは継続性の要件を充足すると解するのが相当である。

● 対価性の要件について，弁護人は，少なくとも供与が過去の利益，恩義に応える趣旨でなされることが必要であり，供与が一般的に人の地位，職務行為に対応，関連してなされただけでは足りないと主張するが，対価性が雑所得の要件（一時所得の消極的要件）とされているのは，対価性を有する所得はたとえ一時的なものであっても偶発的に発生した所得ではなく，類型的にその担税力は対価性のない偶発的な所得のそれよりは大きいとみなしうるからである。そして，所得はその発生態様や性質によって担税力が質的に異なるという前提に立って所得を区分するにあたり，一時所得を一時的，偶発的なものに限定しようとした所得税法の趣旨に鑑みれば，供与が具体的な役務行為に対応する場合だけでなく，一般的に人の地位及び職務に関連してなされる場合も，偶発的とはいえないものについては，対価性の要件を満たすと解するのが相当である。

　上記判示にあるように，供与が具体的な役務行為に対応する場合だけでなく，一般的に人の地位及び職務に関連してなされる場合も，偶発的とはいえないものについては対価性の要件を満たすとなると，一時所得の対象は広がっていくでしょう。

　また，上記東京地判は，被告人の裏献金収入について次のとおり雑所得該当性を認めたうえで，雑所得の金額の算定において，政治活動のための費用（政治活動のために使用する事務所関係の費用，政党の政治活動費用を賄うため経常的に負担する党費，政治活動に関する交際費等）や秘書として活動に関わるための費用として支出されたと認められる金額を必要経費として，政治献金収入から控除すべきであると判示しています。

● 政治家への政治献金は，政治家の地位及びその職務である政治活動を前提とし，一般的，抽象的であれ政治活動に対する付託を伴って継続

的に供与される性質のもので，その趣旨からして<u>政治家という地位及び職務に関連した必然的な所得</u>というべきものであり，<u>その供与がなされることによって付託に係る政治活動を行う動機が形成される関係にあることも併せ考えると，継続性及び対価性の要件を満たし</u>，雑所得として所得税の課税対象になると解される。

● 被告人への裏献金も，政界の実力者であるＡ議員の公設秘書という被告人の地位及びその職務を前提として，Ａ議員への取次ぎ又は被告人自身による関係者への口利きなどを期待し，継続的になされるものであって，<u>被告人の地位及び職務に関連した必然的な所得というべきである</u>から，被告人の裏献金収入は，雑所得として所得税の課税対象になるというべきである。

　さて，暗号資産界隈では，プロジェクトの運営者が，特定の暗号資産等の保有者，SNSでのフォローやリポスト（リツィート）した者，インフルエンサー，ブログへの掲載等で販促に貢献した者，イベント参加者，コミュニティの所属者やコミュニティへの貢献者など，（時には抽選方式も併用して）特定の要件を満たした者に限定して暗号資産等を無償配布（贈与・エアドロップ）する場合があり，これが一時所得に該当するのか，雑所得に該当するのかが問題となっています（泉＝藤本・事例83～84，404～405頁）。この点については，上記の議論を踏まえて，事例に応じた判断をすることになるでしょう。

2　資産の譲渡の対価

　資産の譲渡の対価としての性質を有しないものも一時所得から除外されていますが，これは，昭和39年の税制改正の際，法文の技術的な整備のためにされたもので，それによって一時所得の範囲について従来と比べて変更が生じたわけではないとされています。

　つまり，累進税率の緩和を図る必要はないという観点から短期保有資産の譲渡による所得が整備された際，短期保有山林の伐採，譲渡による所得は，その全額が課税されるよう雑所得に含められるのが適当ということになるが，もし条文上の手当てをしない場合には，その所得は，山

林所得にも譲渡所得にも該当しない「一時の所得」として一時所得に落とし込まれ，2分の1課税となってしまうおそれがあったことから，これを排除するため一時所得について「資産の譲渡の対価としての性質を有しないもの」という限定が設けられることになったものです（注解所得税法研究会・注解913，938頁）。

　「資産の譲渡の対価としての性質」を有する所得については，資産の譲渡と密接に関連する給付であってそれがされた事情に照らし偶発的に生じた利益とはいえないものも含まれると解されています（**東京高判平成28年11月17日税資266号順号12934**）。

第16章　雑所得

I　雑所得の概要

　雑所得は，**他の9種類の所得のいずれにも該当しない所得**です（所法35①）。所得を利子所得から一時所得までの種類ごとに整理・分類していった場合に，どうしてもいずれの種類の所得の定義にもあてはまらない，いわば「余りもの」が出てしまいます。

　雑所得はそういった「余りもの」をすべて受け入れて，課税の対象に入れているのです。この意味で，雑所得はバスケットカテゴリーともいわれます。公的年金等以外の雑所得の金額は，総収入金額から必要経費の額を控除して算出します（所法35②二）。

　例えば，貸付金の利子，外国為替差損益，人格のない社団等の構成員がその構成員たる資格において当該人格のない社団等から受ける収益の分配金，法人の株主等がその株主等である地位に基づき当該法人から受ける経済的な利益で配当所得とされないもの，役員又は使用人が自己の職務に関連して使用者の取引先等からの贈与等により取得する金品，船舶・航空機以外の動産や金銭の貸付けによる所得などは，雑所得になると解されています（所基通35-1，35-2等）。居住者の外国関係会社に係る所得の課税の特例（いわゆる個人版の外国子会社合算税制）等の規定によって雑所得の収入金額とみなされる場合もあります（措法40の4①等）。

　国税庁は，雑所得を①公的年金等に係る雑所得，②業務に係る雑所得，③その他雑所得（①・②以外の雑所得）に分けて，取扱いを整理しています（以下の国税庁の見解に関する記述については，所基通35-1及び35-2，課個2-21ほか2課共同「『所得税基本通達の制定について』の一部改正について（法令解釈通達）」（R4.10.7）参照）。

　国税庁は，その他雑所得の例として，「譲渡所得の基因とならない資産の譲渡から生ずる所得（営利を目的として継続的に行う当該資産の譲渡から生ずる所得及び山林の譲渡による所得を除く。）」を挙げたうえで，金銭債権，外国通貨[※1]，暗号資産[※2]などの「**資産の値上がり益が生じないと認められる資産**」がこの譲渡所得の基因とならない資産に該当すると解説しています。

（※1）　外国為替差損益の所得区分は，実務上，雑所得と解されていますが，「サラリーマンの有する家計に属する外貨の売買については譲渡所得とすることが妥当である」という見解もあります（武田昌輔「サラリーマンの有する外貨についての譲渡損益」税経通信52巻15号204頁）。

（※2）　暗号資産の譲渡による所得の譲渡所得該当性について，泉＝藤本・事例113～122頁参照。

　また，国税庁は，事業所得と認められるかどうかは，その所得を得るための活動が，社会通念上事業と称するに至る程度で行っているかどうかで判定するとしたうえで，その際，営利性・有償性の有無，継続性・反復性の有無，自己の危険と計算における企画遂行性の有無，その取引に費した精神的あるいは肉体的労力の程度，人的・物的設備の有無，その取引の目的，その者の職歴・社会的地位・生活状況などの諸点を総合考慮するという立場を示しています。

　他方，国税庁は，個別判断の余地を残しつつも，**その所得に係る取引を記録した帳簿書類の保存がない場合（その所得に係る収入金額が300万円を超え，かつ，事業所得と認められる事実がある場合を除きます）には，業務に係る雑所得（山林を除く資産の譲渡から生ずる所得については，譲渡所得又はその他雑所得）に該当する**ことを所得税基本通達35-2注書で明らかにしています。

　もっとも，上記注書の内容を形式的ないし一律に適用することの法的根拠を示すことについては難点があり，事業所得と認められるかどうかは，結局，個別の事例に応じて，従来どおり，その所得を得るための活動が，社会通念上事業と称するに至る程度で行っているかどうかで判定すべきであると考えます（事業所得と雑所得の区分に係る判断基準につ

いて，**第10章Ⅲ**参照）。

　国税庁が考えるところのその他雑所得に該当し，業務に係る雑所得に該当しない場合には，収支内訳書の確定申告書への添付義務（所法120⑥，122③，所規47の3等）や現金預金取引等関係書類の保存義務（所法232②，所規102⑦⑧）に加えて，次の点に注意しておきましょう。

期間対応費用の 必要経費不算入	原則として，期間対応費用（その年における販売費，一般管理費その他これらの所得を生ずべき業務について生じた費用）は控除できず，個別対応費用（総収入金額に係る売上原価その他当該総収入金額を得るため直接に要した費用）のみが必要経費に算入されます（所法37①）。

　上記について，業務に係るものではないその他雑所得の場合は，（販売費，一般管理費も含めて）業務について生じた費用であるため，期間対応費用を観念できないことになり，個別対応費用のみが必要経費に算入されることになります。

　そうすると，例えば，暗号資産に係る所得について，税理士報酬や暗号資産の計算ソフト利用料などが必要経費に算入できない可能性が出てきますが，国税庁がその他雑所得との関係で，実際にどのような支出を必要経費として認めないのかは明らかではありません（泉＝藤本・事例92-93，266〜271頁）。

Ⅱ　一時所得と雑所得の区分──馬券訴訟から

　給与所得を有する被告人は，JRA（日本中央競馬会）が提供するサービス（A-PAT）と馬券を自動的に購入できる市販のソフトを使用し，データ分析等に基づいて，購入された馬券の総額から，約75％が払戻金として的中者に分配され，残りは，原則として，約10％が国庫に納付され，約15％が中央競馬の運営に充てられることになるなかで75％を優に上回る高い回収率を確保していたものの，その勝馬投票券の払戻金に係

る所得について正当な理由なく所得税の確定申告書を提出していなかったという所得税法違反の事件を確認します（スライド「馬券訴訟刑事事件」）。

馬券訴訟刑事事件・最判平成27年3月10日刑集69巻2号434頁

- 被告人は、日本中央競馬会が提供するPATというサービス（自宅PC等を用いてネットを介してチケットレスでの購入が可能で代金及び当たり馬券の払戻金の決済を銀行口座で行えるもの）を利用し、**馬券を自動的に購入できる市販のソフトを使用して馬券を購入**
- 被告人は、同ソフトを使用して馬券を購入するに際し、**回収率**（馬券の購入代金の合計額に対する払戻金の合計額の比率）**を高めるように**、ネット上の競馬情報配信サービス等から得られたデータを自らが分析した結果に基づき、同ソフトに条件を設定してこれに合致する馬券を抽出させ、自らが作成した計算式によって購入額を自動的に算出
- この方法により、被告人は、**毎週土日に開催される中央競馬のすべての競馬場のほとんどのレースについて、数年以上にわたって大量かつ網羅的に、1日当たり数百万円から数千万円、1年当たり10億円前後の馬券を購入し続ける**
- 被告人は、このような購入の態様をとることにより、当たり馬券の発生に関する偶発的要素を可能な限り減殺しようとするとともに、購入した個々の馬券を的中させて払戻金を得ようとするのではなく、長期的にみて、払戻金の合計額と外れ馬券を含むすべての馬券の購入代金の合計額との差額を利益とすることを意図し、実際に本件の公訴事実とされた**平成19年から平成21年までの3年間はそれぞれ約1億円、約2600万円、約1300万円の利益を上げていた**

年	利益	払戻金合計額	馬券購入費用合計額		
			全馬券	当たり馬券	外れ馬券
平成19年	約1億円	約7.7億円	約6.6億円	約3千万円	約6.3億円
平成20年	約2600万円	約14.4億円	約14.2億円	約6千万円	約13.5億円
平成21年	約1300万円	約7.9億円	約7.8億円	約3千万円	約7.5億円
合計	約1.4億円	約30億円	約28.6億円	約1.2億円	約27.4億円

　第一審・大阪地判平成25年5月23日刑集69巻2号470頁は，所得発生の基盤となる一定の源泉から繰り返し収得されるものは一時所得ではなく，逆にそのような所得源泉を有しない臨時的な所得は一時所得となり，そのような意味における所得源泉性を認めうるか否かは(※)，当該所得の基礎に源泉性を認めるに足りる程度の継続性，恒常性があるか否かが基準となり，それは結局，所得発生の蓋然性という観点から所得の基礎となる行為の規模（回数，数量，金額等），態様その他の具体的状況に照らして判断することになるとしました。

　そのうえで，被告人の本件馬券購入行為は，一連の行為としてみれば恒常的に所得を生じさせうるものであって，その払戻金については，その所得が質的に変化して源泉性を認めるに足りる程度の継続性，恒常性

を獲得したものということができるから，所得源泉性を有するものと認めるのが相当であり，一時所得には該当せず，雑所得に分類されると判断しました。

（※）　所得源泉性と所得区分の議論の参考として，人造絹糸の先物取引に係る所得が一時所得と事業所得のいずれに該当するかが争われた**名古屋高金沢支判昭和43年2月28日行集19巻1＝2号297頁**があります。

控訴審・**大阪高判平成26年5月9日刑集69巻2号491頁**も，本件馬券購入行為の態様や規模，それが客観的に明らかであることを考慮するとその全体を一連の行為として捉えるべきであり，その払戻金による所得は，「営利を目的とする継続的行為から生じた所得」に当たり，一時所得ではなく雑所得であると判断しました。しかしながら，その過程で，要旨次のとおり，一審とは異なる考え方を示していました。

- 一時所得は，利子所得等の所得分類に該当しない補充的な所得分類であり，一時的，偶発的に生じた所得である点に特色があるといえるが，原判決がいう所得源泉性がどのような概念かは原判決が示す判断要素によってもなお不明確であるうえ，一時所得や雑所得をも課税対象とした現行の所得税法の下で，これを一時所得かどうかの判断基準として用いるのには疑問がある。
- 原判決は，一回的な行為としてみた場合所得源泉とは認めがたいものであっても，強度に連続することによって所得が質的に変化して（所得の基礎に源泉性を認めるに足りる程度の）継続性，恒常性を獲得すれば，所得源泉性を有する場合がある旨説示するが，結局，所得源泉という概念から継続的所得という要件が導かれるわけではなく，どのような場合に所得が質的に変化して所得源泉性が認められるのかは明らかでなく，それ自体に判断基準としての有用性を見出せない。

上告審・**最判平成27年3月10日刑集69巻2号434頁**は，次のとおり，所得源泉性という語は用いずに，比較的シンプルに文理に照らした判断枠組みを提示して，雑所得該当性を肯定しています。

「所得税法上，営利を目的とする継続的行為から生じた所得は，一時所得ではなく雑所得に区分されるところ，営利を目的とする継続的行為から生じた所得であるか否かは，文理に照らし，行為の期間，回数，頻度その他の態様，利益発生の規模，期間その他の状況等の事情を総合考慮して判断するのが相当である。これに対し，検察官は，営利を目的とする継続的行為から生じた所得であるか否かは，所得や行為の本来の性質を本質的な考慮要素として判断すべきであり，当たり馬券の払戻金が本来は一時的，偶発的な所得であるという性質を有することや，馬券の購入行為が本来は社会通念上一定の所得をもたらすものとはいえない賭博の性質を有することからすると，購入の態様に関する事情にかかわらず，当たり馬券の払戻金は一時所得である，また，購入の態様に関する事情を考慮して判断しなければならないとすると課税事務に困難が生じる旨主張する。しかしながら，所得税法の沿革を見ても，およそ営利を目的とする継続的行為から生じた所得に関し，所得や行為の本来の性質を本質的な考慮要素として判断すべきであるという解釈がされていたとは認められない上，いずれの所得区分に該当するかを判断するに当たっては，所得の種類に応じた課税を定めている所得税法の趣旨，目的に照らし，所得及びそれを生じた行為の具体的な態様も考察すべきであるから，当たり馬券の払戻金の本来的な性質が一時的，偶発的な所得であるとの一事から営利を目的とする継続的行為から生じた所得には当たらないと解釈すべきではない。また，画一的な課税事務の便宜等をもって一時所得に当たるか雑所得に当たるかを決するのは相当でない。よって，検察官の主張は採用できない。

以上によれば，被告人が馬券を自動的に購入するソフトを使用して独自の条件設定と計算式に基づいてインターネットを介して長期間にわたり多数回かつ頻繁に個々の馬券の的中に着目しない網羅的な購入をして当たり馬券の払戻金を得ることにより多額の利益を恒常的に上げ，一連の馬券の購入が一体の経済活動の実態を有するといえるなどの本件事実関係の下では，払戻金は営利を目的とする継続的行為から生じた所得として所得税法上の一時所得ではなく雑所得に当たるとした原判断は正当である。」

上記判示は，その文面からも読み取ることができるように，**所得区分の判断の際に所得や行為の本来の性質が全く考慮されないことまでも意**

味するものではないでしょう。

　長期間にわたり馬券を購入し，当たり馬券の払戻金を得ていたＸ（原告・控訴人・被上告人）が，平成17年分から同22年分までの所得税の確定申告をし，その際，当たり馬券の払戻金に係る所得（本件所得）は雑所得に該当し，外れ馬券の購入代金が必要経費に当たるとして，総所得金額及び納付すべき税額を計算していた民事事件の事案も確認しておきます。所轄税務署長から，本件所得は一時所得に該当し，外れ馬券の購入代金を一時所得に係る総収入金額から控除することはできないとして，各更正，無申告加算税及び過少申告加算税の各賦課決定を受けたＸは各処分の取消しを求めました（スライド「馬券訴訟民事事件」）。

馬券訴訟民事事件・最判平成29年12月15日民集71巻10号2235頁

- Ｘは，自宅のパソコン等を用いてインターネットを介して馬券を購入することができるサービス（当たり馬券の払戻金等をその後の馬券の購入に充てることや、馬券の購入代金及び当たり馬券の払戻金等の決済を節ごとに銀行口座で行うことを可能にするもの）を利用し、H17〜H22までの6年間にわたり、中央競馬のレースで、1節（競馬開催日又はこれが連続する場合における当該連続する競馬開催日を併せたもの等）当たり数百万円から数千万円、1年当たり合計3〜21億円程度となる多数の馬券を継続して購入
- Ｘは、JRAに記録が残る平成21年の1年間では、中央競馬の全レース3453レースのうち2445レース（全体の約70.8%）で馬券を購入
- Ｘによる馬券の購入方法はおおむね次のとおり
  ① JRAに登録されたすべての競走馬や騎手の特徴、競馬場のコースごとのレース傾向等に関する情報を継続的に収集し、蓄積
  ② その情報を自ら分析して評価し、レースごとに、競争馬の能力、騎手（技術）、コース適性、枠順（ゲート番号）、馬場状態への適性、レース展開、競争馬のコンディション等の考慮要素を評価、比較することにより順番を予想
  ③ 予想の確度の高低と予想が的中した際の配当率の大小との組合せにより、購入する馬券の金額、種類及び種類ごとの購入割合等を異にする複数の購入パターンを定め、これに従い、当該レースにおいて購入する馬券を決定。馬券購入の回数及び頻度については、偶然性の影響を減殺するために、年間を通じてほぼすべてのレースで馬券を購入することを目標とし、上記の購入パターンを適宜併用することで、年間を通じての収支（当たり馬券の払戻金の合計額と外れ馬券を含むすべての有効馬券の購入代金との差額）で利益が得られるように工夫
- H17〜H22までの各年において、**すべての有効馬券の購入代金の合計額に対する当たり馬券の払戻金の合計額の比率である回収率がいずれも100%を超えており**、次のとおり、**利益を得ていた**

年	平成17年	平成18年	平成19年	平成20年	平成21年	平成22年
利益額	約1800万円	約5800万円	約1.2億円	約1億円	約2億円	約5500万円

　最判平成29年12月15日民集71巻10号2235頁は，上記最判平成27年の判断枠組み（上記引用した判決文の最初の下線部分）を踏襲しつつ，当てはめの部分では，次のとおり，継続的行為性と営利目的性に係る判示をしたうえで，本件所得は，営利を目的とする継続的行為から生じた所得

として雑所得に当たると判断しました。

> Xは，予想の確度の高低と予想が的中した際の配当率の大小の組合せにより定めた購入パターンに従って馬券を購入することとし，偶然性の影響を減殺するために，年間を通じてほぼすべてのレースで馬券を購入することを目標として，年間を通じての収支で利益が得られるように工夫しながら，6年間にわたり，1節当たり数百万円から数千万円，1年あたり合計3億円から21億円程度となる多数の馬券を購入し続けた。

➡ 馬券購入の期間，回数，頻度その他の態様に照らせば，Xの上記の一連の行為は，継続的行為といえる

> Xは，上記6年間のいずれの年についても年間を通じての収支で利益を得ていたうえ，その金額も，少ない年で約1,800万円，多い年では約2億円に及んでいたというのであるから，上記のような馬券購入の態様に加え，このような利益発生の規模，期間その他の状況等に鑑みると，Xは回収率が総体として100%を超えるように馬券を選別して購入し続けてきたといえる。

➡ Xの一連の行為は，客観的にみて営利を目的とするものであったといえる

　また，判決は，Xは，偶然性の影響を減殺するために長期間にわたって多数の馬券を頻繁に購入することにより，年間を通じての収支で利益が得られるように継続的に馬券を購入しており，そのような一連の馬券の購入により利益を得るためには，**外れ馬券の購入は不可避であったといわざるをえないため，本件における外れ馬券の購入代金は，雑所得である当たり馬券の払戻金を得るため直接に要した費用として，所得税法37条1項にいう必要経費に当たる**としました。

【著者略歴】

泉　絢也（いずみ　じゅんや）

東洋大学法学部准教授，中央大学ビジネススクール非常勤講師，税理士。

一般社団法人アコード租税総合研究所顧問。

早稲田大学政治経済学部経済学科卒業。博士（会計学・中央大学）。

著書に『パブリックコメントと租税法』（日本評論社），『事例でわかる！　NFT・暗号資産の税務（第2版）』（共著，中央経済社），『逐条解説　法人税法第22条の2』（清文社）などがある。

スライドでわかる
所得税法の基礎

2024年4月10日　第1版第1刷発行

著　者　泉　　絢　也
発行者　山　本　　継
発行所　㈱中央経済社
発売元　㈱中央経済グループ
　　　　パブリッシング

〒101-0051　東京都千代田区神田神保町1-35
電話　03 (3293) 3371 (編集代表)
　　　03 (3293) 3381 (営業代表)
https://www.chuokeizai.co.jp
印刷／文唱堂印刷㈱
製本／㈲井上製本所

©2024
Printed in Japan

＊頁の「欠落」や「順序違い」などがありましたらお取り替えいた
しますので発売元までご送付ください。(送料小社負担)

ISBN978-4-502-49631-8　C3032

●実務・受験に愛用されている読みやすく正確な内容のロングセラー!

定評ある税の法規・通達集シリーズ

所得税法規集
日本税理士会連合会 編
中央経済社

❶所得税法 ❷同施行令・同施行規則・同関係告示 ❸租税特別措置法(抄) ❹同施行令・同施行規則・同関係告示(抄) ❺震災特例法・同施行規則(抄) ❻復興財源確保法(抄) ❼復興特別所得税に関する政令・同省令(抄) ❽災害減免法・同施行令 ❾新型コロナ税特法・同施行令・同施行規則 ❿国外送金等調書提出法・同施行令・同施行規則・同関係告示

所得税取扱通達集
日本税理士会連合会 編
中央経済社

❶所得税取扱通達(基本通達/個別通達) ❷租税特別措置法関係通達 ❸国外送金等調書提出法関係通達 ❹災害減免法関係通達 ❺震災特例法関係通達 ❻新型コロナウイルス感染症関係通達 ❼索引

法人税法規集
日本税理士会連合会 編
中央経済社

❶法人税法 ❷同施行令・同施行規則・法人税申告書一覧表 ❸減価償却耐用年数省令 ❹法人税法関係告示 ❺地方法人税法・同施行令・同施行規則 ❻租税特別措置法(抄) ❼同施行令・同施行規則・同関係告示 ❽震災特例法・同施行令・同施行規則(抄) ❾復興財源確保法(抄) ❿復興特別法人税に関する政令・同省令 ⓫新型コロナ税特法・同施行令 ⓬租特透明化法・同施行令・同施行規則

法人税取扱通達集
日本税理士会連合会 編
中央経済社

❶法人税取扱通達(基本通達・個別通達) ❷租税特別措置法関係通達(法人税編) ❸減価償却耐用年数省令 ❹機械装置の細目と個別年数 ❺耐用年数の適用等に関する取扱通達 ❻震災特例法人税関係通達 ❼復興特別法人税関係通達 ❽索引

相続税法規通達集
日本税理士会連合会 編
中央経済社

❶相続税法 ❷同施行令・同施行規則・同関係告示 ❸土地評価審議会令・同省令 ❹相続税法基本通達 ❺財産評価基本通達 ❻相続税法関係個別通達 ❼租税特別措置法(抄) ❽同施行令・同施行規則(抄)同関係告示 ❾租税特別措置法(相続税法の特例)関係通達 ❿相続税法・同施行令・同施行規則(抄)・同関係告示 ⓫震災特例法関係通達 ⓬災害減免法・同施行令(抄) ⓭国外送金等調書提出法・同施行令・同施行規則・同関係通達 ⓮民法(抄)

国税通則・徴収法規集
日本税理士会連合会 編
中央経済社

❶国税通則法 ❷同施行令・同施行規則・同関係告示 ❸同関係通達 ❹国外送金等調書提出法・同施行令・同施行規則(抄) ❺新型コロナ税特法・令 ❻国税徴収法 ❼同施行令・同施行規則・同告示 ❽滞納処分と強制執行等との手続の調整に関する法律・同施行令・同施行規則 ❾税理士法・同施行令・同施行規則・同関係告示 ❿電子帳簿保存法・同施行令・同施行規則・同関係告示・同関係通達 ⓫行政手続オンライン化法・同国税関係法令に関する省令・同関係告示 ⓬行政手続法 ⓭行政不服審査法 ⓮行政事件訴訟法(抄) ⓯組織的犯罪処罰法(抄) ⓰没収保全と滞納処分との調整令 ⓱犯罪収益規則(抄) ⓲麻薬特例法(抄)

消費税法規通達集
日本税理士会連合会 編
中央経済社

❶消費税法 ❷同別表第三等に関する法令 ❸同施行令・同施行規則・同関係告示 ❹消費税法基本通達 ❺消費税申告書様式等 ❻消費税法等関係取扱通達等 ❼租税特別措置法(抄) ❽同施行令・同施行規則・同関係告示 ❾消費税転嫁対策法・同ガイドライン ❿震災特例法・同施行令・同施行規則(抄) ⓫震災特例法関係通達 ⓬新型コロナ税特法・同施行令・同施行規則・同関係告示・同関係通達 ⓭税制改正法等 ⓮地方税法(抄) ⓯同施行令・同施行規則(抄) ⓰所得税法・法人税法政令(抄) ⓱輸徴法令 ⓲関税法令(抄)・同関係告示 ⓳関税定率法令(抄) ⓴国税通則法令・同関係告示 ㉑電子帳簿保存法令

登録免許税・印紙税法規集
日本税理士会連合会 編
中央経済社

❶登録免許税法 ❷同施行令・同施行規則 ❸租税特別措置法・同施行令・同施行規則(抄) ❹震災特例法・同施行令・同施行規則(抄) ❺印紙税法 ❻同施行令・同施行規則 ❼印紙税法基本通達 ❽租税特別措置法・同施行令・同施行規則(抄) ❾印紙税額一覧表 ❿震災特例法・同施行令・同施行規則(抄) ⓫震災特例法関係通達等

中央経済社